GREVISSE LANGUE FRANÇAISE

NOUVELLE ÉDITION
Conforme aux évolutions de programmes 2018-2020

Cahier d'exercices 5e

ORTHOGRAPHE · GRAMMAIRE · CONJUGAISON · LEXIQUE

Myriam Dufour
Professeure de Lettres
Collège Jean Jaurès (REP)
Lomme (59)

Maud Varbédian
Professeure de Lettres
Collège Antoine de Saint-Exupéry
Rosny-sous-Bois (93)

Conseiller scientifique
Jean-Christophe Pellat
Professeur émérite de linguistique française
Université de Strasbourg (67)

Les auteurs remercient pour leurs relectures et suggestions tous les enseignants qui ont participé aux études menées sur ce cahier.

Nom ....
Prénom ....
Classe ....
Année 20 ....**- 20** ....

MAGNARD

Sommaire

LES CLASSES GRAMMATICALES

Le nom

Les déterminants

L'adjectif qualificatif

Le pronom

Le verbe

Les mots invariables

LA PHRASE

L'analyse de la phrase

Les types et les formes de phrase

LES FONCTIONS GRAMMATICALES

Les fonctions au sein du groupe nominal

Le sujet

Les compléments liés au verbe

Les compléments circonstanciels (CC)

LA CONJUGAISON

Les temps simples de l'indicatif

Les temps composés de l'indicatif

Conditionnel, impératif et subjonctif

LE VOCABULAIRE

Les relations entre les mots

Le vocabulaire lié au programme littéraire

+ des exercices interactifs pour s'entraîner
www.lienmini.fr/grev-001

Fiche mémo

Distinguer classe grammaticale et fonction grammaticale

La **classe grammaticale** d'un mot correspond à l'identité de ce mot et dit ce qu'il est.
En général, elle ne change pas : elle est donnée par le dictionnaire, en abrégé.

Les mots variables (qui varient en genre et en nombre)

nom
mot qui désigne un être ou une chose :
→ noms communs
→ noms propres

déterminants
mots qui introduisent les noms :
→ articles définis ou indéfinis
→ déterminants démonstratifs
→ déterminants possessifs

adjectif qualificatif
mot qui qualifie un nom

pronom
mots qui prennent la place d'un nom ou d'un GN

verbe
mot qui se conjugue

Les mots invariables (qui ne changent pas d'orthographe)

adverbe
mot qui modifie le sens d'un verbe, d'un adjectif ou d'un autre adverbe

préposition
mot qui introduit un complément

conjonction
→ de coordination : mot qui relie des mots ou des groupes de mots de même fonction
→ de subordination : mot qui introduit une proposition conjonctive

1 * **a.** Quelle est votre identité ? Indiquez vos nom et prénom. ……………………………………

b. Lisez le texte et complétez le tableau avec deux autres exemples si possible.

Le ② Chat ① se contenta ⑤ de ⑦ sourire en voyant Alice. Elle ④ lui ④ trouva l'air ① fort ⑥ aimable ③ ; pourtant, il avait des griffes extrêmement longues et ⑧ un très grand nombre de dents. Aussi, elle sentit qu' ⑧ elle devait le traiter avec respect. « Minet-du-Cheshire », commença-t-elle assez timidement, car elle ne savait pas trop si ce nom lui plairait. Le Chat s'étant contenté de sourire plus largement, Alice pensa : « Allons, jusqu'ici il est satisfait ».

Lewis Carroll, *Alice au pays des merveilles*, 1865, trad. J. Papy, © Gallimard, 2015.

① Noms	② Déterminants	③ Adjectifs qualificatifs	④ Pronoms	⑤ Verbes
• air, …… • Chat, …… ……	• Le, …… • ……	aimable, …… ……	Elle, lui, ……	se contenta, …… ……

⑥ Adverbes	⑦ Prépositions	⑧ Conjonctions
fort, ……	de, ……	• et, …… • qu', ……

Les **fonctions grammaticales** correspondent aux rôles des mots ou groupes de mots dans une phrase.

- **sujet** : mot ou groupe de mots qui commande l'accord du verbe.
- **expansions du nom**
  - **épithète** : mot qui qualifie le nom à côté duquel il se trouve
  - **complément du nom** : groupe prépositionnel qui précise le nom dont il dépend
- **compléments du verbe**
  - **attribut du sujet** : mot ou groupe de mots qui est relié au sujet par un verbe attributif
  - **COD** : mot ou groupe de mots qui complète le verbe sans préposition
  - **COI** : mot ou groupe de mots qui complète le verbe avec préposition
- **compléments circonstanciels** : mot ou groupes de mots qui donnent des précisions sur l'action (temps, lieu, manière, cause...)

2 **a. Tout au long de votre journée, votre rôle change. Au collège, vous êtes élève de 5e. Donnez deux autres rôles que vous occupez dans la semaine :** ....

....

b. Lisez le texte et complétez le tableau avec deux autres exemples si possible.

Le Chat ① se contenta de sourire ⑥ en voyant ⑦ Alice ⑤. Elle lui trouva l'air fort aimable ; pourtant, il avait des griffes extrêmement longues ② et un très grand nombre de dents. Aussi, elle sentit qu'elle devait le traiter ⑤ avec respect. « Minet-du-Cheshire », commença-t-elle assez timidement, car elle ne savait pas trop si ce nom lui plairait. Le Chat s'étant contenté de sourire plus largement, Alice pensa : « Allons, jusqu'ici il est satisfait ④ ».

Lewis Carroll, *Alice au pays des merveilles*, 1865, trad. J. Papy, © Gallimard, 2015.

<table>
<tr><th colspan="3">① Sujets</th></tr>
<tr><td colspan="3">Le Chat, ...</td></tr>
<tr><th colspan="2">② Épithètes</th><th>③ Complément du nom</th></tr>
<tr><td colspan="2">longues, ...</td><td>de dents</td></tr>
<tr><th>④ Attribut du sujet</th><th>⑤ Compléments d'objet directs</th><th>⑥ Compléments d'objet indirects</th></tr>
<tr><td>satisfait</td><td>Alice, le traiter, ...
..............................</td><td>de sourire, ...</td></tr>
<tr><th colspan="3">⑦ Compléments circonstanciels</th></tr>
<tr><td colspan="3">en voyant Alice, ...</td></tr>
</table>

1

Le nom

Distinguer nom concret et nom abstrait

Les **noms concrets** désignent des êtres ou des objets que l'on peut percevoir par au moins l'un des cinq sens : la vue, l'ouïe, le toucher, le goût, l'odorat.

Exemples la mer, un miaulement, son pelage, l'acidité, ce parfum

Les **noms abstraits** désignent des idées, des propriétés, des sentiments, des qualités qui ne sont pas perceptibles par nos sens.

Exemples la tendresse, le courage, cette loi, ma patience, leur gentillesse

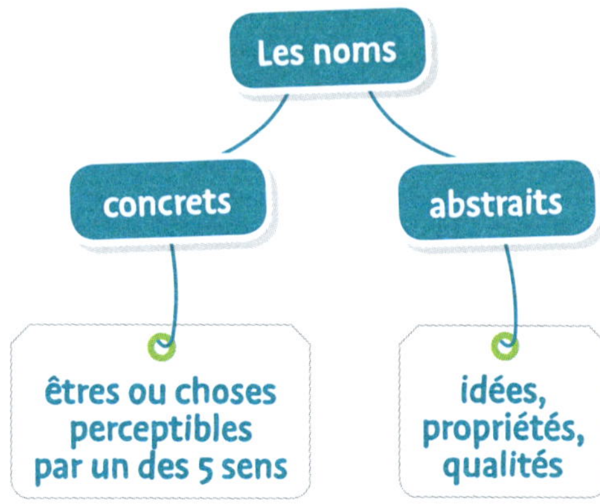

1 * **Entourez les noms concrets.**

fauteuil • douceur • ciel • lecture • colère • drap • sapin • amitié • chat • parfum • livre

2 * **Complétez ces phrases avec un nom concret de votre choix.**

a. Ne mangez pas ce ....

b. Combien voulez-vous de .... ?

c. A-t-il oublié son .... ?

d. Max aime écouter cette ....

3 ** **Dites si chaque nom en gras est un nom concret ou abstrait.**

a. Le **plumage** de cet oiseau est magnifique. •

b. La **gentillesse** est une qualité précieuse. •

c. Cet **enfant** joue-t-il calmement ? •

d. J'aime le **calme** de la campagne. •

• nom concret

• nom abstrait

4 ** **Complétez chaque phrase avec le nom abstrait de la liste qui convient.**

confiance • courage • méchanceté • vérité

a. Ce témoin a-t-il dit la .... lors du procès ?

b. Vous ne devriez pas accorder votre .... aussi facilement.

c. En traitant Laura de la sorte, Maxime a fait preuve d'une grande ....

d. Après ce sauvetage héroïque, le .... de ce policier ne peut être mis en doute.

5 *** **Soulignez au moins cinq noms concrets et entourez trois noms abstraits.**

Lullaby ouvrit les yeux et regarda tout, en s'accrochant aux rochers avec les ongles. La mer était si belle qu'il lui semblait qu'elle traversait sa tête et son corps à toute vitesse, qu'elle bousculait des milliers de pensées à la fois.

Jean-Marie Gustave Le Clézio, *Lullaby*, © Gallimard Jeunesse, 1980.

Réviser le pluriel des noms

La langue française distingue **deux nombres** : le **singulier** et le **pluriel**. Le pluriel désigne plusieurs éléments ou plusieurs ensembles d'éléments.

Exemples des joueurs, deux équipes (de joueurs de football)

À l'écrit, le **pluriel** des noms se marque par l'ajout d'un -*s* à la fin du nom singulier, parfois d'un -*x* ou parfois par le changement de la syllabe finale.
Les noms terminés par -*s*, -*x* ou -*z* sont invariables.

Exemples un clou → des clou**s**, une fleur → des fleur**s**
un feu → des feu**x**, un journal → des journau**x**,
<u>mais</u> un gaz → des ga**z**

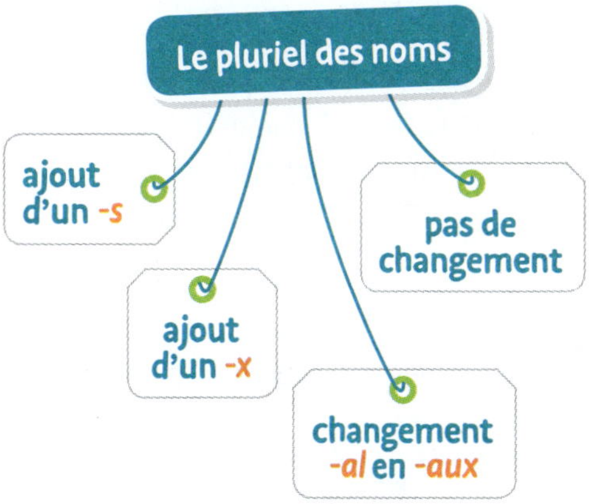

18 * **Entourez les noms au pluriel.**

des sacs • une souris • la mouette • ce tapis • mes prix • une fontaine • du couscous • tes cheveux • un panier • ces bijoux • une croix • des carnavals • ces locaux • les nez

19 * **Dans ces phrases, soulignez chaque nom au pluriel.**

a. J'aime les petits matins frais.
b. Tu partages ton paquet de biscuits.
c. Utilise-t-elle les transports en commun ?
d. Lavez toutes les cerises avant le repas.

20 ** **Indiquez si le nom en gras est au singulier (S) ou au pluriel (P).**

	S	P
a. Ce spectacle rencontre un vrai **succès** !	○	○
b. Elle ramasse les **noix** de son jardin.	○	○
c. Elles ont participé au **concours** de mots croisés.	○	○
d. Me prêtez-vous votre **compas** ?	○	○

21 ** **Complétez ces phrases avec le nom qui convient. Pensez à les accorder si besoin.**

joueur • permis • ruisseau • gazelle

a. Le lion observe le troupeau de ....
b. Avec vingt ...., nous pouvons former deux équipes.
c. Les petits .... font les grandes rivières.
d. Cette année, elle passera son .... de conduire.

22 ** **Entourez les noms au pluriel dans ce texte.**

Par les soirs bleus d'été, j'irai dans les sentiers,
Picoté par les blés, fouler l'herbe menue :
Rêveur, j'en sentirai la fraîcheur à mes pieds.
Je laisserai le vent baigner ma tête nue.

Arthur Rimbaud, « Sensation », *Cahier de Douai*, 1870.

Former le pluriel des noms composés

Pour les **noms composés** dont les éléments sont liés par un **trait d'union**, seuls les noms et les adjectifs varient. Les adverbes et les prépositions restent invariables.

Exemples des chefs-lieux, des petits-enfants, des non-lieux, des contre-attaques

Les **noms composés** dont les éléments sont **soudés** forment leur pluriel comme les noms simples.

Exemples des sagefemmes, des terrepleins

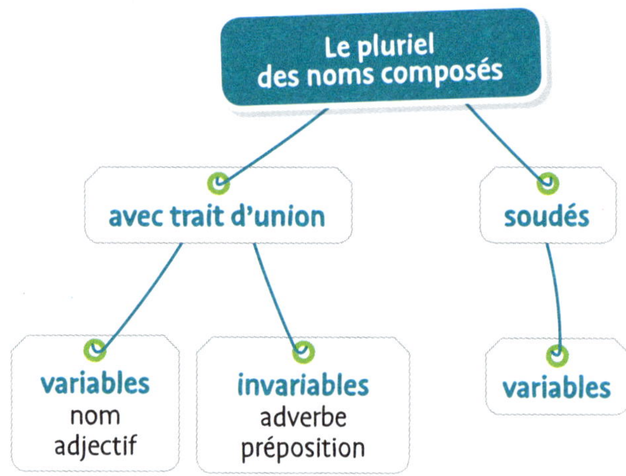

23 * **Entourez les noms composés soudés.**

des millefeuilles • des chefs-d'œuvre • des abrivents • des après-skis • des choux-fleurs • des hautparleurs • des saufconduits • des timbres-poste • des tamtams

24 * **Indiquez la classe grammaticale de chaque mot en gras.**

a. des coffres-**forts** •
b. des **sans**-abris •
c. des canapés-**lits** •
d. des **hors**-d'œuvre •

• nom
• adjectif
• préposition

25 ** **Soulignez la forme du pluriel qui convient.**

a. L'assurance attend les *contres-enquêtes / contre-enquêtes* avant de se prononcer.
b. Cesse tes *sous-entendu / sous-entendus* et dis franchement ce que tu veux !
c. Le vent se lève, prenons nos *cerfs-volants / cerf-volants* !

26 ** **Écrivez les mots composés entre parenthèses au pluriel.**

a. *(une contre-indication)* La notice de ce médicament liste les ....
b. *(un après-midi)* Travailles-tu tous les .... ?
c. *(une petite-fille)* Demain, nos .... nous rendront visite.

27 ** **Entourez les noms composés au pluriel.**

Tous les weekends, je me promène dans l'arrière-pays. J'aime l'odeur des sous-bois et le silence de la forêt. J'écoute chanter les rouges-gorges tout en cherchant des champignons, notamment des trompettes-de-la-mort.

6

Former le pluriel des noms composés contenant un verbe

De nombreux **noms composés** sont construits à partir d'un **verbe** et d'un nom complément. Dans ce cas, seul le nom peut prendre la marque du pluriel.

Exemples les porte-bagages, des abat-jours

Le pluriel des noms composés contenant un verbe

→ **seul le nom prend la marque du pluriel**

28 * **Entourez les noms composés contenant un verbe.**

des couvre-chefs • des bateaux-mouches • des porte-avions • des tirebouchons • des croquemonsieurs • des en-têtes • des cure-dents • nos passeports • des bonshommes

29 ** **Indiquez si ces noms composés contiennent un verbe.**

	OUI	NON
a. des passe-droits	○	○
b. les avant-scènes	○	○
c. ces casse-noisettes	○	○

30 ** **Choisissez la bonne orthographe.**

a. Vous utilisez des *taille-crayon / taille-crayons* en cours de dessin.

b. L'hôtel met à disposition de ses clients des *grilles-pains / grille-pains.*

c. Notre entreprise a-t-elle acheté des *pèse-lettres / pèses-lettres* ?

d. Accrochez vos vêtements aux *portesmanteaux / portemanteaux* !

31 * **Mettez au pluriel ces noms composés.**

a. un passe-temps → ....

b. un porte-parapluie → ....

c. un perce-neige → ....

32 *** **Réécriture • Réécrivez le texte en mettant au pluriel les noms composés. Faites toutes les modifications nécessaires.**

Mélanie et son frère préparent une randonnée à vélo. Mélanie a fixé un porte-bagage sur sa bicyclette et son frère pose un garde-boue. Tous les deux portent un cache-col pour se protéger du froid.

....

....

....

....

Bilan Le nom

Fiches 1 à 6
- Distinguer nom concret et nom abstrait
- Repérer le nom noyau dans un groupe nominal
- Réviser le genre des noms • Réviser le pluriel des noms
- Former le pluriel des noms composés
- Former le pluriel des noms composés contenant un verbe

Je distingue nom concret et nom abstrait

33 ★ Entourez les noms concrets.

un enfant • l'enfance • un livre • la liberté • un sentiment • un hôpital • la santé • l'impatience • un bouquet de fleurs

34 ★ Soulignez les noms abstraits.

a. La générosité est une qualité rare.
b. Je voudrais consoler ta peine.
c. Cette attente est insupportable !
d. As-tu beaucoup de volonté ?

35 ★★ Trouvez un nom abstrait à partir des mots en gras.

a. Mon **ami** est là dès que j'ai besoin de lui.
→ ……………………………………………
b. Avec tous ces muscles, il doit être **fort** !
→ ……………………………………………
c. Je te souhaite un **joyeux** anniversaire !
→ ……………………………………………
d. Cette voiture possède un **puissant** moteur.
→ ……………………………………………

Je repère le nom noyau dans un GN

36 ★ Entourez le nom noyau dans chaque GN.

a. une délicate attention
b. des habits neufs
c. une petite enveloppe parfumée
d. son court veston noir
e. ces délicieux bonbons au miel

37 ★★ Pour chaque GN souligné, entourez le nom noyau.

a. Mes chers parents, je reviendrai bientôt.
b. Ce livre ancien possède une valeur inestimable.
c. Un très épais brouillard hivernal s'annonce.

38 ★★ Mettez entre crochets les GN, puis entourez le nom noyau.

a. Le professeur de SVT ramasse toutes les copies.
b. Il les corrigera à son bureau.
c. Demain, tous les élèves pourront avoir leur première note.
d. Combien de petites cuillères argentées voulez-vous ?
e. Tous vos moutons viennent brouter l'herbe de ce pré.
f. Le loup affamé les observe depuis le bois.

39 ★★★ Entourez le nom noyau de chaque GN. Soulignez les GN étendus.

Cet ancien pirate levantin* avait écumé la Méditerranée avec son frère aîné. Ensemble ils s'étaient rendus maîtres d'Alger dont ils avaient fortifié le port pour y abriter leurs quarante galères.

Michel Tournier, *Barberousse*
© Gallimard Jeunesse, 1986.

* de la Méditerranée orientale.

J'accorde les noms en genre et en nombre

40 ★ Entourez les GN au féminin.

des tables basses • une vaste place arborée • cet arbre • ces pâtisseries appétissantes • l'île aux oiseaux • l'îlot du pêcheur • des rallyes • ces musées • mes dictées réussies

41 ★ Associez chaque groupe nominal à son genre (M ou F) et à son nombre (S ou P).

	M	F	S	P
de violents orages	○	○	○	○
un bel effet	○	○	○	○
des nouvelles fraîches	○	○	○	○
un manuscrit précieux	○	○	○	○
des actions incontrôlées	○	○	○	○
un geste malheureux	○	○	○	○

42 ** **Écrivez chaque GN au pluriel.**

a. un beau cadeau

....

b. la fillette timide

....

c. cet équilibre hasardeux

....

43 ** **Retrouvez le singulier du mot entre parenthèses.**

a. *(bocaux)* ce .... de confiture

b. *(rideaux)* le .... de théâtre

c. *(voix)* sa .... de ténor

d. *(pneus)* ce .... crevé

e. *(cheveux)* un .... dans la soupe

44 *** **Écrivez chaque GN au masculin singulier.**

a. ces championnes de ski

....

b. les avocates de la défense

....

c. des animatrices très appréciées

....

d. les meilleures élèves de la classe

....

J'accorde les noms composés

45 * **Écrivez ces noms composés au pluriel.**

a. un protège-cahier → ....

b. un café-théâtre → ....

c. un portefeuille → ....

46 ** **Recopiez les noms composés du texte en faisant les accords nécessaires.**

« Voilà, lui dit-il, les clefs des deux grands *(garde-meuble)* ...., voilà celles de mes *(coffre-fort)* .... où est mon or et voilà le *(passe-partout)* .... des appartements. »

D'après **Charles Perrault**, *La Barbe bleue*, 1697.

À l'écrit

47 ** **Écriture • Décrivez le contenu de votre trousse.** Vous utiliserez quatre GN au pluriel et deux noms composés.

48 ** **Réécriture • Réécrivez ce texte en remplaçant** « sorcière » **par** « sorcier ».

Il y avait une fois, à Paris, une vieille sorcière, affreusement vieille et laide, mais qui aurait bien voulu passer pour la plus belle fille du monde !

D'après **Pierre Gripari**, *La Sorcière de la rue Mouffetard*, © Gallimard, 1987.

....

....

....

....

....

....

....

....

49 *** **Dictée • Écrivez la dictée lue par votre enseignant-e.**

....

....

....

....

....

....

....

....

....

Roald Dahl, *Charlie et la chocolaterie*, trad. É. Gaspar, © Gallimard Jeunesse, 2007.

À l'oral

50 * **Donnez la terminaison de ces noms.**

un héro... • des palai... • une brebi... • un épou... • le paradi... • une foi... • des souri... • des perdri...

7

Les déterminants

Bien orthographier les articles définis contractés

Les articles définis ***le*** et ***les*** s'unissent aux prépositions ***à*** et ***de*** pour former les **articles définis contractés** : ***au, aux, du, des***.

Exemples une crêpe **au** chocolat / **aux** champignons
le jardin **du** château / **des** voisins

Les articles définis contractés

- *à* + *le* = *au*
- *à* + *les* = *aux*
- *de* + *le* = *du*
- *de* + *les* = *des*

1 **Entourez les articles définis contractés.**

a. Nous applaudissons les musiciens aux percussions, au piano, aux claviers et à la guitare.

b. Je l'observe du fond de la galerie ou des balcons.

2 **Complétez ces phrases avec *au* ou *aux*.**

a. Ils sont attendus .... gymnase.

b. En Bretagne, il y a une île .... oiseaux.

c. Tu préfères une glace à la vanille ou .... caramel ?

d. Les récompenses reviennent .... vainqueurs.

3 **Réécrivez les GN en gras selon les indications données.**

a. *pluriel* → **Du gradin**, monte une clameur. ....

b. *pluriel* → Les produits **de la région** se vendent de plus en plus. ....

c. *singulier* → Ce documentaire s'adresse **aux adolescents**. ....

d. *singulier* → Les discours **des maires** seront publiés dans un recueil. ....

4 **Complétez les slogans suivants avec *au* • *aux* • *du* • *des*.**

a. « Pour changer la vie .... peaux sensibles » (La Roche-Posay)

b. « Un soin complet .... cuir chevelu jusqu'.................... pointes » (Head and Shoulders)

c. « Vous êtes .... cœur de l'info. » (LCI)

d. « Les plus belles couleurs .... noir » (Carte noire)

5 **Entourez l'orthographe qui convient.**

2. Toute personne a droit à accéder, dans *de* / *des* conditions d'égalité, *aux* / *au* / *à les* fonctions publiques de son pays.

3. La volonté *au* / *de le* / *du* peuple est le fondement de l'autorité *du* / *des* pouvoirs publics.

D'après *La Déclaration universelle des Droits de l'Homme*, « Article 21 ».

Employer les déterminants démonstratifs

Les **déterminants démonstratifs** s'associent au nom pour montrer l'objet ou la personne désignés par ce nom, ou pour indiquer qu'on a déjà parlé de ce que ce nom représente.

Exemples **ce** film, **cet** épisode, **cette** actrice, **ces** répliques

Les déterminants démonstratifs devant un nom
- **singulier** : *ce, cet* (devant voyelle ou *h* muet), *cette*
- **pluriel** : *ces*
- **que l'on peut montrer**
- **dont on a déjà parlé**

6 * **Soulignez les déterminants démonstratifs.**

a. Elle se dépêche pour attraper ce bus qui la conduira au collège.

b. Combien vaut cet appareil dont mes frères m'ont parlé ?

c. Ces arbustes ont fleuri pendant six mois puis leurs feuilles sont tombées.

d. La ville a commandé cette sculpture de bronze pour sa nouvelle station de métro.

7 ** **Soulignez les déterminants démonstratifs et indiquez s'ils sont au féminin (F) ou au masculin (M).**

	F	M
a. Attention ! Cet équilibre est précaire.	○	○
b. Ces piles sont rechargeables.	○	○
c. Ils trouvent cette fête très réussie.	○	○
d. Descendez de ces rochers !	○	○
e. Qui veut ce dernier pain au chocolat ?	○	○

8 ** **Entourez l'orthographe qui convient.**

a. *ce / cet* homme
b. *ce / cet* personnage
c. *ce / cet* individu
d. *ce / cet* hangar
e. *ce / cet* préau
f. *ce / cet* ouragan

9 *** **Complétez avec le déterminant démonstratif qui convient :** *cet* **ou** *cette*.

a. Veuillez patienter dans .... pièce.

b. Faut-il ajouter .... ingrédient ?

c. La rénovation de .... bâtisse prend du temps.

d. .... argument ne me convainc pas.

10 *** **Complétez le texte avec des déterminants démonstratifs.**

– Comment, monsieur le marquis, s'écria le roi, ... château est encore à vous ! Il ne se peut rien de plus beau que .... cour et que tous .... bâtiments qui l'environnent ; voyons-les dedans.

Charles Perrault, « Le Maître Chat ou le Chat botté », *Les Contes de ma mère l'Oye*, 1697.

Employer les déterminants possessifs

Les **déterminants possessifs** indiquent une relation, souvent de possession, entre le nom qu'ils introduisent et une personne grammaticale.
Ils varient en genre, en nombre et en personne.

Exemples **ma** famille, **leur** oncle, **ses** enfants, **mon** arrière-grand-mère

	Nom déterminé		
	un élément possédé		plusieurs éléments possédés
Un possesseur	mon, ton, son	ma, ta, sa devant une voyelle ou un *h* muet mon, ton, son	mes, tes, ses
Plusieurs possesseurs	notre, votre, leur		nos, vos, leurs

11 ★ **Entourez l'orthographe qui convient.**

a. Je vais vous donner *ma / m'a* nouvelle adresse.

b. *Mon / M'ont* frère fête *son / sont* anniversaire.

c. Carla, n'oublie pas *ton / ta* bonnet ni *ton / ta* écharpe.

d. *Notre / Nos* collègues préparent *ses / leurs* vacances.

12 ★★ **Complétez ces phrases avec le déterminant possessif qui convient.**

a. Marc et .... père ont voyagé en Chine.

b. Les enfants ont-ils fait .... devoirs ?

c. Avez-vous appris .... poésies ?

d. Le paon fait .... parade nuptiale.

13 ★★ **Complétez ces phrases avec un nom ou un groupe nominal de votre choix.**

a. Leur .... est très bien élevé.

b. Cet été, nous devrons trier leurs ....

c. Leur .... est beau à voir.

d. Les lionnes protègent leurs ....

14 ★★★ **Complétez le texte avec** *leurs* • *sa* • *son* • *ses* (2 fois).

Cynthia sentit .... irritation fondre face à la gentillesse sincère inscrite sur .... deux visages. Avec .... joues rebondies, ... physionomie aimable et énergique et l'épaisse toison de .... cheveux blancs, Willy lui rappelait Tipp O'Neill. Elle le lui dit.

Mary Higgins Clark, « Meurtre à Cape Cod »,
Le Billet gagnant et deux autres nouvelles, trad. de A. Damour, © Magnard, 2006.

10 Les déterminants

Distinguer déterminant démonstratif et possessif (*ces*, *ses*)

Ces et ***ses*** sont des déterminants qui précèdent un nom ou un groupe nominal au pluriel.
Pour les distinguer, on peut les mettre au singulier.

Exemples

Ces vendeurs appellent la direction et attendent **ses** ordres.
→ **Ce** vendeur appelle la direction et attend **son** ordre.

Démonstratif *ces* → **pluriel de** *ce, cet, cette*

Possessif *ses* → **pluriel de** *son, sa*

15 * **Soulignez les déterminants possessifs.**

a. À qui appartiennent ces gants ?

b. Il a amélioré ses performances.

c. L'as-tu aidé à faire ses exercices ?

d. Noémie, peux-tu m'apporter ces assiettes ?

16 ** **Indiquez si chaque déterminant en gras est démonstratif (D) ou possessif (P).**

	D	P
a. **Ces** enluminures datent du Moyen Âge.	○	○
b. Crois-tu qu'il pourra nous prêter **ses** outils ?	○	○
c. Pardon monsieur, combien coûtent **ces** chaussures ?	○	○
d. Mon frère ? Je suis très sensible à **ses** critiques.	○	○

17 ** **Complétez avec le déterminant qui convient :** *ces* **ou** *ses*.

a. Montre-moi .... méchantes piqûres de moustique.

b. Hier, dans .... ruelles obscures, Clément a perdu .... clés.

c. Prend-elle son vélo ou .... patins à roulettes ?

d. Regarde comme .... danseuses sont gracieuses !

e. Souhaites-tu .... six saucissons-ci ?

18 *** **Complétez le texte avec** *ces* **ou** *ses*. **À l'oral, justifiez vos réponses par le singulier.**

Dès que le prince Ahmed eut aperçu la dame, il pressa le pas pour aller lui rendre .... respects ; et la dame de son côté, qui le vit venir, le prévint par .... paroles, en élevant la voix : « Prince Ahmed, dit-elle, approchez, vous êtes le bien venu. » La surprise du prince ne fut pas médiocre, quand il s'entendit nommer dans un pays dont il n'avait jamais entendu parler […] et il ne comprenait pas comment il pouvait être connu d'une dame qu'il ne connaissait pas. Il aborde enfin la dame en se jetant à .... pieds.

« Histoire du prince Ahmed et de la fée Pari-Banou », conte des *Mille et Une Nuits*, trad. A. Galland, 1704.

Bilan Les déterminants

Fiches 7 à 10
- Bien orthographier les articles définis contractés
- Employer les déterminants démonstratifs
- Employer les déterminants possessifs
- Distinguer déterminant démonstratif et possessif (*ces*, *ses*)

Je reconnais les articles définis contractés

19 * Entourez les articles définis contractés.

Le poinçonneur des lilas • *L'Appel de la forêt* • *Alice au pays des merveilles* • *L'Île au trésor* • *Robin des bois* • *L'Œil du loup*

20 ** Entourez l'orthographe qui convient.

a. En 1893, Jack London embarque pour une saison de chasse *à la / au* phoque.

b. Il parvient *au / aux* large *de les / des* côtes du Japon.

c. L'atmosphère *du / de la* vie en mer nourrit son imagination.

21 ** Complétez avec l'article défini contracté qui convient.

a. Quelle est la capitale .... Brésil ?

b. La plupart .... candidats sont arrivés.

c. Nous rappelons .... voyageurs qu'ils doivent se présenter .... guichet 3.

J'emploie les déterminants démonstratifs et possessifs

22 * Entourez chaque déterminant démonstratif.

a. Il a fait plus froid ces derniers jours.

b. Ces paroles les ont surpris.

c. Ils n'ont pas été conviés à cette réunion.

d. Ne dois-tu pas prendre ce train ?

23 ** Complétez avec le déterminant démonstratif qui convient.

a. Avez-vous lu .... merveilleux roman ?

b. .... enfant est très attentif.

c. Nous préférons .... aquarelles à .... dessins.

d. J'admire .... actrice espagnole !

24 ** Réécriture • Réécrivez le texte en remplaçant les déterminants soulignés par des déterminants démonstratifs.

Mais <u>l'</u>image s'est fixée dans mon esprit. Depuis, je revois sans cesse <u>son</u> visage enfin levé vers le mien, <u>ses</u> yeux plantés droit dans les miens.

D'après **Jean-Claude Mourlevat**, *L'Enfant Océan*, © Pocket Jeunesse, 1999.

....

....

....

....

....

....

25 ** Complétez avec un déterminant possessif (1re personne du singulier).

.... unique culotte avait un large [trou.
– Petit Poucet rêveur, j'égrenais dans .... [course
Des rimes. .... auberge était à [la Grande-Ourse.
– .... étoiles au ciel avaient un [doux frou-frou.

D'après **Arthur Rimbaud**, « Ma Bohème », *Cahier de Douai*, 1870.

26 ** Complétez avec *leur* ou *leurs*.

a. Ils nous ont invités dans .... restaurant.

b. Dans *Le Petit Poucet*, les parents abandonnent .... enfants.

c. .... compétences sont exceptionnelles.

d. Les aiderais-tu à porter .... valises jusqu'à .... voiture ?

27 * Entourez le déterminant possessif qui convient.**

a. Qui te rend si hardi de troubler *ma* / *mon* breuvage ?

b. Tu seras châtié de *ta* / *ton* témérité.

c. – Sire, répond l'Agneau, que *ma* / *votre* Majesté / Ne se mette pas en colère ;

d. Je ne puis troubler *sa* / *son* boisson.

e. – Si ce n'est toi, c'est donc *tes* / *ton* frère.

f. Car vous ne m'épargnez guère, Vous, *votre* / *vos* bergers, et *votre* / *vos* chiens.

D'après **Jean de La Fontaine**, « Le Loup et l'Agneau », *Fables*, Livre I, 10.

Je distingue *ces* et *ses*

28 * Complétez avec *ces* ou *ses*.

a. .... morceaux sont difficiles.

b. Pauline a apporté .... propres partitions.

c. .... parents sont fiers d'elle.

d. Durant toutes .... années, elle a tant travaillé !

29 ** Réécrivez au pluriel les éléments soulignés.

a. Éva joue avec <u>son frère</u>. → ....

b. Le vent a emporté <u>ce toit</u>. → ....

c. Peut-il poster <u>sa recette</u> ? → ....

d. <u>Cet homme</u>, qui est-ce ? → ....

30 * Réécrivez ces phrases à la 3e personne du singulier.**

a. J'ai encore perdu mes clés !

→ ....

b. As-tu rappelé tes parents ?

→ ....

c. Vous avez dormi chez vos amis.

→ ....

À l'écrit

31 ** Écriture • Rédigez la description d'un tableau que vous appréciez. Vous emploierez au moins deux articles définis contractés, deux déterminants démonstratifs et deux déterminants possessifs.

32 ** Réécriture • Réécrivez ce texte en mettant au pluriel les quatre GN commençant par un déterminant démonstratif.

CLÉANTE – Peut-on rien voir de plus cruel que cette rigoureuse épargne qu'on exerce sur nous, que cette sécheresse étrange où l'on nous fait languir ? J'ai résolu d'aller en d'autres lieux, avec cette aimable personne. Je fais chercher partout, pour ce dessein, de l'argent à emprunter.

D'après **Molière**, *L'Avare*, Acte I, scène 2, 1668.

....

....

....

....

....

....

....

33 * Dictée • Écrivez la dictée lue par votre enseignant-e.**

....

....

....

....

....

....

....

Leconte de Lisle, « Les Elfes », *Poèmes barbares*, 1862.

À l'oral

34 ** Dites ces phrases puis précisez les déterminants.

a. Ces six cents saucisses sèches sont à six sous.

b. Ces six chocolats chauds sont si chauds !

11 L'adjectif qualificatif

Réviser le féminin de l'adjectif qualificatif

L'adjectif qualificatif prend le **genre** (masculin ou féminin) du mot auquel il se rapporte.
Le **féminin de l'adjectif qualificatif** se marque le plus souvent par l'ajout d'un *-e* à la forme du masculin.

Exemples grand → grand**e**, court → court**e**

Parfois, l'ajout d'un *-e* fait doubler la consonne finale ou modifie la dernière syllabe.

Exemples cruel → cruel**le**, fier → fi**ère**, doux → dou**ce**, sportif → sporti**ve**, rigolo → rigolo**te**

Certains adjectifs ont la même forme au masculin et au féminin.

Exemple triste, dynamique

Le féminin de l'adjectif qualificatif

- ajout d'un *-e* à la forme masculine
- ajout d'un *-e* avec modification de la dernière syllabe
  - -x → -se, -ce
  - -t → -tte, -ète
  - -f → -ve
  - -il → -ille
  - ...

1 * **Entourez les adjectifs au féminin.**

vieil • vieille • léger • fraîche • gentil • ancien • publique • seul • verte

2 * **Soulignez les adjectifs qui ont la même forme au masculin et au féminin.**

sage • fort • tendre • fier • gracile • agréable • soucieuse • bienveillant • gigantesque

3 ** **Soulignez l'accord qui convient.**

a. Une *charmant / charmante* jeune fille est passée.

b. Demande-lui de parler à voix *bas / basse*.

c. Sa *meilleur / meilleure* amie lui écrit tous les mois.

d. J'ai reçu une *bel / belle* lettre de toi.

4 ** **Accordez au féminin les adjectifs entre parenthèses.**

a. Ne sois pas .... *(jaloux)* : tu auras aussi une part de gâteau.

b. Une brise .... *(léger)* emporte les feuilles mortes.

c. Cette .... *(jeune)* enfant a la peau très .... *(sec)*.

d. La gazelle est vraiment .... *(craintif)*.

5 ** **Entourez les adjectifs au féminin.**

« Mais si tu prends ma voix, demanda la petite sirène, que me restera-t-il ?

– Ta charmante figure, répondit la sorcière, ta marche légère et gracieuse, et tes yeux expressifs : cela suffit pour entortiller le cœur d'un homme. […]

– Soit ! » répondit la princesse, et la sorcière lui coupa la langue. La pauvre enfant resta muette.

Hans Christian Andersen, « La Petite Sirène », *Contes*, 1856.

12 L'adjectif qualificatif

Réviser le pluriel de l'adjectif qualificatif

L'adjectif qualificatif prend le **nombre** (singulier ou pluriel) du nom auquel il se rapporte.
Le **pluriel des adjectifs qualificatifs** est marqué :
→ le plus souvent, par l'ajout d'un -s à la forme du singulier ;
→ par l'ajout d'un *-x* qui peut modifier la dernière syllabe.

Exemples des yeux clair**s**, des sources claire**s**, des routes nationale**s**, des repas fruga**ux**

Les adjectifs masculins terminés par un -s ou un -x au singulier ne changent pas de forme au pluriel.

Le pluriel des adjectifs qualificatifs
- ajout d'un -s au singulier
- ajout d'un -x avec parfois modification de la dernière syllabe
- pas de marque pour les adjectifs terminés par -s ou -x au singulier

6 * Écrivez ces groupes nominaux au pluriel.

a. une petite cuillère → ....
c. ce sérieux problème → ....
b. mon vieil ami → ....
d. un combat loyal → ....

7 ** Mettez ces adjectifs masculins au pluriel. Classez-les dans le tableau.

bas • original • français • doux • sage • égal • sincère • idéal • curieux • fatal

Pluriel en -s	Pluriel en -x	Pas de marque de pluriel
....	....	....
....	....	....

8 ** Accordez les adjectifs entre parenthèses comme il convient.

a. Il va faire des choux .... *(gras)* de cette histoire !
b. Veulent-ils visiter les appartements .... *(royal)* ?
c. Je trouve ces filles très .... *(généreux)*.
d. As-tu goûté ces spécialités .... *(régional)* ?

9 * Entourez les adjectifs au pluriel. Écrivez le GN souligné au pluriel.**

À chaque poste, les messagers trouvent un très grand palais impérial, beau et luxueux, où ils peuvent loger, car ces sublimes auberges ont de très riches lits garnis de riches tissus de soie, et ont tout ce qui convient à des messagers supérieurs.

D'après **Marco Polo**, *Le Livre des Merveilles*, chapitre CI, © Phébus, 1996.

....

....

13

L'adjectif qualificatif

Accorder les adjectifs de couleur

Quand l'**adjectif de couleur** est **simple**, il s'accorde avec le nom qu'il qualifie.

Exemples des haricots vert**s**, des pommes vert**es**

L'adjectif de couleur reste **invariable** quand :
- il est composé de deux mots ;
- il s'agit d'un nom employé comme adjectif.

Exemples des yeux bleu clair
des yeux marron (couleur du marron)

Cependant, les adjectifs *écarlate*, *fauve*, *mauve*, *pourpre* et *rose* s'accordent.

10 * Classez ces adjectifs dans le tableau.

rose • *lavande* • *violet* • *cerise* • *noir* • *miel* • *blanc* • *écru* • *mauve* • *lilas* • *taupe*

S'accordent avec le nom	Sont invariables
....	....
....	....

11 ** Accordez les adjectifs entre parenthèses comme il convient.

a. Ces fumées .... *(gris)* créent une étrange atmosphère.
b. Intimidés, ils sont devenus .... *(écarlate)*.
c. Leurs crevettes .... *(rose)* paraissent fraîches !
d. N'as-tu pas vu mes bottes .... *(marron)* et .... *(noir)* ?
e. Emma a choisi des abat-jours .... *(bleu)* pour sa chambre.
f. Ils soldent tous les pantalons .... *(mauve)* et les pulls .... *(pourpre)*.

12 ** Entourez l'orthographe qui convient.

a. Les jonquilles *jaunes pâles / jaune pâle* me plaisent beaucoup.
b. Avec tes moufles *rouge vif / rouges vif*, on te voit de loin !
c. Pour combien de personnes est cette glace *verte pomme / vert pomme* ?
d. Ses cheveux *blonds clairs / blond clair* sont fragiles.

13 *** Entourez les adjectifs invariables. Justifiez vos réponses à l'oral.

J'aime les couleurs de la plage en hiver. Le sable a des nuances ivoire et jaune clair. Cela crée une atmosphère tamisée. Bien que bleu marine, la mer a des reflets gris perle mais aussi bleus et vert amande. Les nuages crème contrastent avec le ciel gris foncé.

14

L'adjectif qualificatif

Former des adjectifs de sens contraire

Un **antonyme** est un mot dont le sens est contraire à celui d'un autre.
Pour former certains **adjectifs de sens contraire**, on leur ajoute un préfixe dit privatif.

Exemple croissant → **dé**croissant

Les **préfixes** les plus fréquents sont : *a-*, *in-*, *dé-*.
La forme du préfixe peut être modifiée en fonction de la première lettre du radical.

Exemples **a**social, **an**alphabète • **in**tolérable, **im**possible, **il**logique, **ir**réel • **dis**proportionné, **dés**affecté

Former un adjectif de sens contraire

préfixe ⊕ radical
a-, in-, dé-

14 * **Associez chaque préfixe à l'adjectif qui convient pour former son antonyme.**

in- • *il-* • *im-* •

• apte • légal • lettré • humain • mobile

15 ** **Modifiez ces phrases en utilisant l'antonyme de l'adjectif souligné.**

a. Ton schéma n'est pas <u>précis</u>. → Il est ....
b. Ce plat n'est pas <u>mangeable</u> ! → Il est .... !
c. Soigne ton écriture : elle n'est pas <u>lisible</u>. → Elle est ....
d. Ce bonheur n'est pas <u>descriptible</u> ! → Il est .... !
e. Cette voisine n'est pas <u>agréable</u>... → Elle est ....

16 *** **À partir de ces définitions, retrouvez un adjectif formé avec un préfixe.**

a. Que l'on ne voit pas. → ....
b. Qui ne donne pas son nom. → ....
c. Que l'on n'entend pas. → ....
d. Qui n'a plus de voix. → ....

17 *** **Complétez ces adjectifs avec le préfixe qui convient.**

Le vent fait battre sa porte ....jointe, l'herbe encombre le seuil. Cependant il paraît que tous les ans, à Noël, les paysans aperçoivent ce spectre de chapelle éclairé de cierges ....visibles. Un vigneron, nommé Garrigue, m'a affirmé qu'un soir de Noël il s'était perdu dans la montagne ; et voici ce qu'il avait vu... Tout était silencieux, éteint, ...animé. Bientôt, Garrigue vit s'agiter des ombres ....décises.

D'après **Alphonse Daudet**, « Les trois messes basses », *Lettres de mon moulin*, 1887.

Utiliser les adjectifs au comparatif

Les **adjectifs au comparatif** permettent de comparer deux éléments.

Le comparatif possède trois **degrés de comparaison** :
- l'infériorité (***moins*** *sage* ***que***)
- l'égalité (***aussi*** *impatiente* ***que***)
- la supériorité (***plus*** *beaux* ***que***)

Meilleur-e est le comparatif de *bon-ne* ; *pire* est le comparatif de *mauvais-e*.

Les adjectifs au comparatif
- **de supériorité** : *plus* + adjectif + *que*
- **d'égalité** : *aussi* + adjectif + *que*
- **d'infériorité** : *moins* + adjectif + *que*

18 * **Complétez ces phrases avec un comparatif au degré d'intensité demandé.**

a. *supériorité* → Cette ville est-elle .... touristique .... Lyon ?

b. *infériorité* → Ton dessert est .... sucré .... le mien.

c. *égalité* → Cette mesure est .... précise .... la précédente.

19 ** **Indiquez le degré de chaque adjectif au comparatif.**

a. Il paraît plus grand que son frère. •

b. Ce sac est-il aussi volumineux que l'autre ? •

c. Sa peau est moins sensible que la tienne. •

• infériorité

• égalité

• supériorité

20 ** **Complétez ces phrases comme il convient.**

a. Nous sommes à égalité car tu es un joueur .... brillant que moi.

b. Prends une pointure au-dessus de la mienne : tu as de .... grands pieds que les miens.

c. Le vélo est un moyen de transport .... rapide que la voiture.

d. Son train ne part pas avant deux heures : il est .... pressé que toi.

21 *** **Réécriture • Soulignez l'adjectif au comparatif. Réécrivez ce texte en mettant les adjectifs en gras au comparatif. Quel degré allez-vous choisir ?**

« Ah ! Si seulement j'avais un enfant à la peau **blanche** comme neige, aux lèvres aussi rouges que le sang et aux cheveux **noirs** d'ébène ! »

Jacob et Wilhelm Grimm, *Blanche-Neige*, trad. et adap. de S. Kabok,
© Milan Jeunesse, 2011.

....

....

....

....

Utiliser les adjectifs au superlatif

Les **adjectifs au superlatif** permettent de comparer un élément à un groupe d'éléments.

On peut utiliser le **superlatif** :
- → de supériorité (**le/la/les plus** *sage-s*)
- → d'infériorité (**le/la/les moins** *habile-s*)

Le/La/Les meilleur-e-s sont les superlatifs de *bon* ; *le/la/les pire-s* sont les superlatifs de *mauvais*.

Les adjectifs au superlatif
- **d'infériorité** : *le / la / les* + *moins* + adjectif
- **de supériorité** : *le / la / les* + *plus* + adjectif

22 ** **Complétez ces phrases avec le superlatif au degré demandé.**

a. *infériorité* → Cet ordinateur est .... rapide de la salle informatique.

b. *supériorité* → Ces insectes sont .... irritants du monde.

c. *infériorité* → Nous emporterons les toiles .... précieuses.

d. *supériorité* → Tes pâtisseries sont .... que j'aie jamais mangées ! *(bonnes)*

e. *supériorité* → Elle a choisi le chiot .... petit de la portée.

f. *infériorité* → C'était .... bêtise à faire ! *(mauvaise)*

23 ** **Soulignez chaque adjectif au superlatif.**

a. Ce diamant est le plus rare du monde !

b. Tu n'es plus ma meilleure amie.

c. Ils sont aussi bavards que vous.

d. Croyez-vous être le moins pressé ?

e. Lou semble moins soucieuse que Sacha.

f. C'est la pire journée de ma vie !

24 ** **Réécriture • Réécrivez ces phrases en mettant les adjectifs au superlatif d'infériorité.**

a. Ce qui les chagrinait encore, c'est que le plus jeune était fort délicat et ne disait mot.

b. Cependant, il était le plus fin, et le plus avisé de tous ses frères.

D'après **Charles Perrault**, « Le Petit Poucet », 1697.

a. ....

b. ....

25 *** **Entourez tous les adjectifs au superlatif de ce texte.**

Il y a également sur le fleuve, entre Bagdad et Kich, une grande ville qui s'appelle Bassorah. Et tout autour de celle-ci, dans les bois, se trouvent les meilleures dattes du monde. À Bagdad, on fabrique différentes sortes d'étoffes de soie et d'or […]. Elle est la plus illustre ville et la plus grande qui soit de toute la région.

Marco Polo, *Le Livre des Merveilles du Monde*, trad. J.-F. Kosta-Théfaine © E. J. L., 2009.

Bilan L'adjectif qualificatif

Fiches 11 à 16
- Réviser l'accord de l'adjectif qualificatif en genre et en nombre • Accorder les adjectifs de couleur
- Former des adjectifs de sens contraire
- Utiliser les adjectifs au comparatif
- Utiliser les adjectifs au superlatif

J'accorde l'adjectif qualificatif

26 * **Accordez chaque adjectif au féminin.**

a. une maison .... *(bleu)*

b. cette envie .... *(furieux)*

c. ta présentation .... *(parfait)*

d. la mer .... *(déchaîné)*

27 * **Accordez chaque adjectif au pluriel.**

a. des silences .... *(pesant)*

b. d'.............................. *(incroyable)* effets

c. leurs fillettes .... *(coquet)*

d. ces .... *(faux)* monnaies

28 ** **Soulignez les adjectifs et indiquez s'ils sont au masculin (M) ou au féminin (F).** M F

a. À marée basse, nous pêcherons. ○ ○

b. La région accueille un nouvel aéroport. ○ ○

c. Recevez mes sincères félicitations. ○ ○

d. Ils ont visité un site très agréable. ○ ○

29 ** **Indiquez quelle forme prend le féminin de ces adjectifs.**

complet •	• -ète
muet •	• -ette
discret •	
propret •	
inquiet •	

30 ** **Accordez les adjectifs comme il convient.**

a. Les fruits exotique......... sont succulent..........

b. Des enchères exceptionnel............ vont avoir lieu.

c. Ces conditions météorologiques sont idéal.............

d. Je veux que ces assiettes soient bien net...............

31 *** **Soulignez les adjectifs au féminin.**

Il rêvait d'une couche douce pour son dos harassé, immobile, immobile surtout et non pas bondissante, roulante et balayée d'embruns comme les planches dures [...] dont il devait s'accommoder.

Jean-Côme Noguès, *Le Voyage inspiré*,
© Le Livre de Poche, 2002.

J'accorde les adjectifs de couleur

32 * **Classez ces adjectifs de couleur.**

vert foncé • gris • gris perle • écarlate • orange • bleu • bleu ciel • blanc

S'accordent avec le nom	Sont invariables
....	....
....	....

33 ** **Faites les accords nécessaires.**

a. Ce shampoing convient aux cheveux châtain.........

b. Ma sœur a les cheveux châtain....... clair.

c. Ces pétales rose......... sont sublimes.

d. Où ai-je rangé mes crayons jaune...... ?

e. Aimes-tu ces chaussures marron........ ?

34 *** **Accordez, si besoin, les adjectifs entre parenthèses.**

Les prix sont là depuis huit jours : quatre-vingts livres .... *(rouge)* et .... *(doré)* dans des papiers .... *(violet)*, ... *(vert)*, ... *(rose)*. Ils sentent la colle, l'encre d'imprimerie, le vernis chauffé – le plus .... *(enivrant)* parfum que nous ayons jamais respiré !

Isabelle Rivière, *Images d'Alain-Fournier*,
© Fayard, 1989.

J'utilise des adjectifs de sens contraire

35 * Soulignez les adjectifs ayant un préfixe privatif.

inusable • insatisfait • intelligent • incroyable • intime • incertain • ingérable

36 * Entourez les préfixes privatifs.

inhumain • impraticable • impassible • illégal • invisible • immodéré • instable • insuffisant

37 ** Associez chaque mot à sa définition.

(1) intemporel • (2) irrévérencieux • (3) incurable

a. Que l'on ne peut pas soigner. → ....

b. Qui ne s'inscrit pas dans le temps. → ....

c. Qui manque de respect. → ....

38 * Formez un adjectif avec le préfixe qui vous est donné.**

a. L'encre sympathique est in................ !

b. C'est in............ d'insister : je suis contre !

c. C'est si beau que cela lui semble ir........... !

Je connais les degrés de l'adjectif

39 * Indiquez le degré des adjectifs au comparatif.

a. Elle est plus athlétique que toi. • • supériorité

b. Tu es moins patient que Paul ! • • égalité

c. Je suis aussi fière de lui que toi. • • infériorité

40 ** Mettez les adjectifs au superlatif qui convient.

a. *supériorité* → C'est .... beau compliment que l'on m'ait fait !

b. *infériorité* → Ce comédien est .... talentueux de la troupe.

c. *infériorité* → Nos places sont .... confortables du théâtre.

À l'écrit

41 ** Écriture • Décrivez une personnalité de votre choix (son physique et sa personnalité). Vous utiliserez des adjectifs variés, au moins un adjectif au comparatif et un adjectif au superlatif.

42 ** Réécriture • Réécrivez le texte au masculin singulier en remplaçant « reine » **par** « roi » **et** « Blanche-Neige » **par** « le Prince ».

« Miroir, joli miroir, qui est la plus belle dans tout le pays ? », dit la reine.

Il lui répondit : « Ô ma reine, vous êtes très belle, mais Blanche-Neige est mille fois plus belle que vous. »

D'après **J. et W. Grimm**, *Blanche-Neige*, 1812, © trad. et adap. de S. Kabok Milan Jeunesse, 2011.

....

....

....

....

....

....

43 ** Dictée • Écrivez la dictée lue par votre enseignant-e.

....

....

....

....

....

....

....

Jean de Léry, *Voyage en terre de Brésil*, 1578, coll. « Bibliocollège », © Hachette Livre, 2000.

À l'oral

44 ** Inventez trois phrases exprimant des degrés de l'adjectif (comparatif et superlatif) à partir de ces adjectifs :

sportif • *attentionné* • *organisé*.

Distinguer pronom et déterminant *(leur, ce)*

Les mots ***leur*** et ***ce*** peuvent être **pronoms** ou **déterminants**.

Leur et *ce*, déterminants, sont placés avant un nom avec lequel ils s'accordent.

Exemples **ce** film, **leur** stylo, **leurs** stylos

Leur et *ce*, pronoms, remplacent un groupe nominal. On ne trouve pas de nom après. Ils sont invariables.

Exemples C'est beau **ce** que tu peins. Je **leur** prête ma gomme.

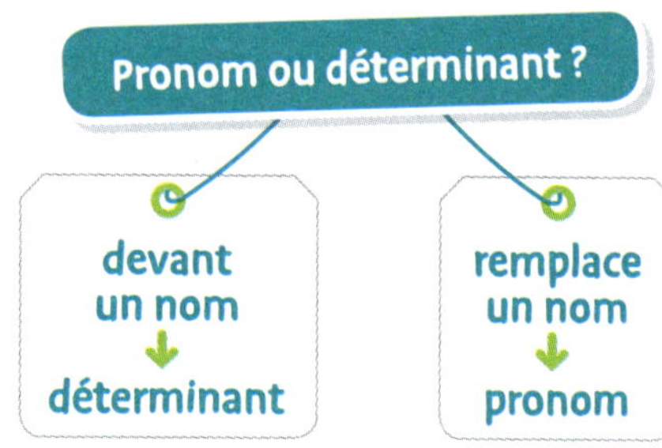

1 ✱ **Indiquez la classe grammaticale des mots soulignés : déterminant (D) ou pronom (P).**

	D	P
a. <u>Ce</u> n'est pas grave.	○	○
b. Quelles sont les dates de <u>ce</u> voyage ?	○	○
c. Dis à tes cousins qu'ils apportent <u>leur</u> tente pour la nuit.	○	○
d. Que <u>leur</u> avez-vous promis ?	○	○

2 ✱✱ **Dans ces phrases, entourez *leur* s'il s'agit d'un pronom.**

a. Simon leur a promis de venir leur rendre visite.
b. Rends-leur ce jouet : il leur appartient ! C'est leur cadeau de Noël.
c. Leur chien leur a évité un cambriolage.
d. Leur train arrive à 18 h 16 ; leur as-tu proposé d'aller les chercher ?

3 ✱✱ **Réécrivez les phrases en remplaçant les mots soulignés par les pronoms *c'*, *ce* ou *leur*.**

a. J'ai demandé un drone <u>à mes parents</u>. ……………………………………
b. Jules est ravi de faire <u>la chose</u> qui lui semble juste. ……………………………………
c. Je n'aurais pas pensé à proposer cette sortie <u>à Tom et Emma</u>. ……………………………………
……………………………………………………………………………
d. <u>Chanter</u> est une activité qui la détend. ……………………………………

4 ✱✱✱ **Soulignez les pronoms et entourez les déterminants *c'*, *ce*.**

ARGAN. – C'est pour moi que je lui donne ce médecin ; et une fille de bon naturel doit être ravie d'épouser ce qui est utile à la santé de son père.
TOINETTE. – Ma foi ! Monsieur, voulez-vous qu'en amie je vous donne un conseil ?
ARGAN. – Quel est-il, ce conseil ?

Molière, *Le Malade imaginaire*, I, 5, 1673.

18 Le pronom

Employer les pronoms démonstratifs composés

Les **formes composées des pronoms démonstratifs** sont construites à partir des **formes simples** + ***-ci*** (pour un élément proche) ou ***-là*** (pour un élément plus éloigné). On les utilise pour désigner, comme si l'on montrait du doigt, ou pour évoquer quelque chose dont on a déjà parlé.

Exemple Quel parfum préfères-tu, **celui-ci** ou **celui-là** ?

Les pronoms démonstratifs composés varient en genre et en nombre, sauf ***ce, ceci, cela/ça*** qui sont des formes neutres au singulier.

Les pronoms démonstratifs composés

- **désignent un élément proche :** *celui-ci / celle-ci ceux-ci /celles-ci, ceci*
- **désignent un élément éloigné :** *celui-là /celle-là ceux-là/celles-là, cela (ça)*

5 * **Entourez chaque pronom démonstratif composé. Soulignez le GN que chacun reprend.**

Des documents seront remis à votre enfant. Celui-ci devra les rendre aux assistants d'éducation. Ceux-ci adresseront l'ensemble à la CPE. Celle-ci reviendra vers vous si les coordonnées sont incomplètes, celles-ci étant indispensables pour clore l'inscription.

6 ** **Complétez avec un pronom démonstratif composé qui convient.**

a. J'ai choisi deux robes : .... pour l'hiver, ... pour les vacances.

b. Ce train va partir ; .... reste en gare.

c. Je ne veux plus en entendre parler ; .... me fatigue !

d. N'achète pas ces revues ; .... sont bien plus intéressantes.

7 *** **Réécriture • Réécrivez la phrase donnée en remplaçant** « un sentier » **par a.** « une plage » **et b.** « des rivages ».

Nous marchions sur un sentier pareil à celui-ci.

a. ....

b. ....

8 *** **Réécriture • Réécrivez le texte en commençant par** « Ceux... ». **Attention aux terminaisons verbales !**

« Celui d'entre vous, les gars, qui me lèvera une baleine à tête blanche, au front ridé et à la mâchoire de travers […] – écoutez bien ! celui d'entre vous qui me lèvera cette baleine-là, celui-là aura cette pièce d'or, les enfants ! »

Herman Melville, *Moby Dick*, 1851.

....

....

....

19 Le pronom

Découvrir les pronoms relatifs simples

Les **pronoms relatifs** représentent un nom, un groupe nominal ou un autre pronom que l'on appelle **antécédent** et qui est placé avant eux. Ils introduisent la **proposition subordonnée relative** (*cf.* leçons 43 et 44).

Exemples <u>La ville</u> **qui** s'étend, **que** je visite, **dont** je te parle, **où** tu vis.

Les pronoms relatifs simples

- qui
- que
- à / de quoi
- dont
- où

9 ★ **Entourez les pronoms relatifs.**

a. Je ne remettrai plus ce pull qui gratte.

b. Le camion que tu as loué est très utile.

c. Appelle le dentiste dont je t'ai parlé !

d. La gare où elle prend son train a été rénovée.

10 ★★ **Complétez ces phrases avec le pronom relatif qui convient.**

a. La boucherie .... il a ses habitudes est excellente.

b. Peux-tu fermer cette porte .... claque ?

c. Le livre .... vous cherchez se trouve sur l'étagère.

d. Je range le gilet .... j'ai recousu les boutons.

11 ★★ **Réécrivez chaque couple de phrases en une seule à l'aide d'un pronom relatif.**

a. L'atmosphère est l'enveloppe gazeuse. L'enveloppe gazeuse entoure la Terre.

→ ....

b. L'eau est un bien précieux. Il ne faut pas gaspiller ce bien précieux.

→ ....

c. La déforestation est un problème. Tout le monde n'a pas conscience de ce problème.

→ ....

d. Elle rêve d'habiter dans une ville. Les moyens de transport seraient non polluants dans cette ville.

→ ....

12 ★★★ **Réécriture • Réécrivez le texte à l'aide de pronoms relatifs.**

« Tu devrais t'estimer bien heureuse d'épouser un aussi bel homme. Ce bel homme porte une pelisse de velours noir. La reine elle-même n'a pas la pareille de cette pelisse de velours noir. »

D'après **Hans Christian Andersen**, « *La Petite Poucette* », Contes.

....

....

....

20 Le pronom

Bien utiliser les reprises pronominales

Lorsqu'un **pronom** reprend un **nom**, un groupe nominal ou une phrase, on parle de **reprise pronominale**. Cette reprise permet d'éviter les répétitions ou d'apporter une nouvelle information. On peut utiliser des pronoms personnels, démonstratifs ou possessifs. Tous s'accordent en genre et en nombre avec les noms ou GN qu'ils représentent.

Exemples Adèle a <u>un chat</u>. Elle **le** gâte. Elle n'aime pas **le tien**. **Celui** d'Inès est tigré.

Les reprises pronominales

- **pronoms personnels** *le, la, les, l', nous...*
- **pronoms possessifs** *le sien, la nôtre...*
- **pronoms démonstratifs** *celle, celui ...*

13 * **Remplacez les groupes nominaux soulignés par le pronom personnel qui convient.**

a. <u>Clément et ses frères</u> se promènent. ....

b. <u>Mon chat</u> déteste la pluie ! ....

c. <u>Ton ami et toi</u> êtes invités. ....

d. Que dit <u>Solène</u> ? ....

14 * **Associez la reprise pronominale en gras à sa classe grammaticale.**

a. Ta réplique est difficile à mémoriser ; **elle** est longue. •

b. **La leur** est beaucoup plus complexe. •

c. Mais **celle** qui suit est bien plus facile à retenir ! •

• pronom possessif

• pronom personnel

• pronom démonstratif

15 ** **Soulignez les pronoms possessifs. Puis complétez les phrases avec un GN qui convient.**

a. Il a passé .... à vingt ans ; j'ai passé le mien à dix-huit ans.

b. .... est délicieuse mais la tienne aussi !

c. .... ne ressemble pas du tout à la leur.

d. .... est arrivée ; la nôtre est en cours d'expédition.

16 *** **Réécriture • Réécrivez le texte en commençant par** « Deux crapauds ».

Deux grenouilles voisinaient. Elles habitaient l'une un étang profond, éloigné de la route, l'autre une petite mare sur la route. Celle de l'étang conseillait à l'autre de venir habiter près d'elle : elle y jouirait d'une vie meilleure et plus sûre. Mais celle-ci ne se laissa point persuader [...].

Ésope, « Les Grenouilles voisines », *Fables*, VIe s. av. J.-C., trad. de E. Chambry, 1927.

....

....

....

....

Bilan Le pronom

Fiches 17 à 20
- Distinguer pronom et déterminant (*leur* et *ce*)
- Employer les pronoms démonstratifs composés
- Découvrir les pronoms relatifs simples
- Bien utiliser les reprises pronominales

Je distingue pronom et déterminant

17 * Remplacez les pronoms soulignés par un groupe nominal qui convient.

Ex : Je vais leur offrir des chocolats.
*→ Je vais offrir des chocolats **à mes voisins**.*

a. Elle redoute de leur dire la vérité.

→ ....

b. Leur as-tu annoncé la nouvelle ? → ....

....

c. L'entreprise leur a facturé les travaux.

→ ....

18 ** Entourez les pronoms quand il y en a.

a. Prépare-leur ce melon.

b. Ce n'est pas à ce genre de romans que je pensais.

c. Martin vient de casser ce verre.

d. Je ne suis pas d'accord, que ce soit clair !

e. Leur plaisanterie a assez duré.

19 * Réécriture • Réécrivez le texte en commençant par « Leurs cheveux... ».**

Ses cheveux blonds ondulaient harmonieusement. Ses épaules étaient larges et tout son corps bien musclé. C'était merveille de le voir. Enfin, sa voix charmait ceux qui l'écoutaient tant elle était mélodieuse.

François Johan, *Lancelot du lac*,
© Casterman Poche, 2011.

....

....

....

....

....

....

....

J'emploie les pronoms démonstratifs composés

20 * Entourez les pronoms démonstratifs composés.

a. J'aimerais deux pains comme ceux-ci ; ceux-là me semblent trop cuits.

b. Nous nous réunirons dans cette pièce-là ; celle-ci sera occupée.

21 ** Complétez avec un pronom démonstratif composé.

a. Je choisis cette place. Tu peux prendre ....

b. Change de pull ; .... ne te va pas.

c. .... arrivent, ... partent.

22 ** Entourez chaque pronom démonstratif, puis remplacez-les par un GN de votre choix.

a. Décide-toi : tu veux celui-ci ou celle-là ?

....

b. Je n'aime pas beaucoup cela.

....

c. Il a emprunté ceux-là. ....

23 * Réécriture • Réécrivez le texte en remplaçant le pluriel par le singulier.**

Partout où la lune perçait le feuillage, il vit les gracieux petits génies de la forêt qui jouaient gaiement. Ceux-ci ne se dérangèrent pas, car ils savaient l'innocence de Jean.

H. C. Andersen, « Le Compagnon de voyage »,
Contes, 1856.

....

....

....

....

....

Je reconnais les pronoms relatifs simples

24 * **Complétez les phrases avec *qui* ou *que*.**

a. As-tu vu le chat .... vient parfois ?

b. Le sport .... nous pratiquons demande beaucoup d'entraînement.

c. La pâte à modeler .... a séché est inutilisable.

25 ** **Complétez chaque phrase avec un antécédent de votre choix.**

a. Nous vous prêtons .... dont voici les clés.

b. Elle se débarrasse de .... qui l'encombre.

c. .... où elles sont descendues donne sur la plage.

d. .... que Laura préfère est demi-écrémé.

26 *** **Entourez les pronoms relatifs et soulignez leur antécédent.**

Alice, dont tu connais la maman, souffre d'une maladie que l'on appelle familièrement la gastro mais dont le nom complet est gastroentérite. C'est dommage, le jour où elle devait aller chez son amie !

J'utilise les reprises pronominales

27 * **Réécrivez les phrases en remplaçant les GN soulignés par *le*, *la* ou *les*.**

a. Demain, nous laverons <u>notre voiture</u>.

....

b. Comment porterez-vous <u>ce carton</u> ?

....

c. Le poissonnier installe <u>ses étals</u>.

....

28 *** **Remplacez les pronoms en gras par des GN de votre choix.**

a. Sophie m'a rendu **la mienne** hier. ....

....

b. Laisse-**les** dans l'entrée. ....

À l'écrit

29 ** **Écriture • Rédigez quatre autres vers avant ou après cet extrait. Ils commenceront tous par *celui qui* ou *celle-s qui*.**

Ceux qui vivent, ce sont ceux qui luttent ; ce sont
Ceux dont un dessein ferme emplit l'âme et [le front

Victor Hugo, « Ceux qui vivent, ce sont ceux qui luttent », *Les Châtiments*, 1852.

30 *** **Réécriture • Réécrivez les phrases en remplaçant** « deux frères » **par** « un jeune homme ».

Il y avait jadis deux frères qui n'avaient plus ni père ni mère pour les conseiller, ni aucun parent. L'amie qui était le plus souvent avec eux, c'était la pauvreté.

« **Estula** », *Les Fabliaux du Moyen Âge*, © Classiques Hatier, 2014.

....

....

....

....

31 *** **Dictée • Écrivez la dictée lue par votre enseignant-e.**

....

....

....

....

....

....

....

Hector Malot, *Sans famille*, 1878.

À l'oral

32 * **Proposez trois GN à la place des pronoms en gras.**

Le Principal est une figure particulière du Collège redoutée et respectée. **On** le voit peu, car **il** reste tapi dans son antre, mais **on** le craint beaucoup.

L. Hui Phang, J.-P. Duffour, *Bienvenue au collège*, © Hachette, 2001.

Savoir lire un tableau de conjugaison

Les **verbes sont classés par groupes** selon leur infinitif : 1er en *-er*, 2e en *-ir*/*-issant*, 3e pour tous les autres, y compris *aller*.

Exemples chanter → 1er groupe, lire → 3e groupe

Quand ils servent à conjuguer les verbes aux temps composés, *être* et *avoir* sont des **auxiliaires**. *Être* sert aussi à former la **voix** passive d'un verbe. Les **modes** permettent de classer les formes verbales. On trouve 3 modes personnels et 2 modes impersonnels (qui n'ont pas de personne).

Exemple tu lis → indicatif présent, 2e personne du singulier

Les formes verbales sont classées en **temps simples** (le verbe) et **temps composés** (auxiliaire + participe passé du verbe), selon l'ordre des **personnes**.

Exemple tu as lu → passé composé

Les modes
- **personnels** : indicatif, impératif, subjonctif
- **impersonnels** : infinitif, participe

Les temps
- **simples** : le verbe
- **composés** : auxiliaire + participe passé

Voir pages 0, 128 et 129.

1 ★ **Placez les verbes dans la colonne qui convient.**

nager • courir • lancer • atterrir • poursuivre • tendre • bondir • sauter • aplatir

1er groupe	2e groupe	3e groupe
....	....	....

2 ★★ **Reliez les formes verbales au mode.**

je deviens •   • impératif
oser •   • indicatif
agis •   • infinitif

qu'il vienne •   • indicatif
nous prenons •   • subjonctif
ayant •   • participe

3 ★★ **Indiquez à quel mode le verbe** « entrer » **est conjugué.**

a. Merci d'entrer par la porte du fond. ....

b. Il ne veut pas que nous entrions. ....

c. Entre, c'est ouvert ! ....

d. Tu n'entreras que si elle t'y invite. ....

4 ★★★ **Entourez dans le texte 4 verbes à des modes différents, puis soulignez 4 verbes à des temps différents. À l'oral, précisez à chaque fois de quel mode et de quel temps il s'agit.**

– Ne te moque pas trop de ta mère. Tu lui ressembles forcément un peu, quoi que tu en penses. Elle t'a transmis ses dons à la naissance. Même si elle t'avait abandonnée, même si elle ne s'était jamais occupée de toi, tu deviendrais quand même une sorcière. C'est comme ça, c'est la nature.

Marie Desplechin, *Verte*, © École des loisirs, 1996.

22

Le verbe

Distinguer infinitif et participe passé en [e]

L'**infinitif** et le **participe** sont les modes impersonnels du verbe.

L'infinitif des verbes du 1er groupe se termine par ***-er***.
On emploie l'infinitif après une préposition (*à, de, pour...*), après un verbe autre que *être* et *avoir* et après *ne pas*.

Le participe passé des verbes du 1er groupe se termine par ***-é***.
On peut utiliser le participe seul pour qualifier un nom, ou avec un auxiliaire (*être* ou *avoir*) dans les temps composés.

Pour **choisir la terminaison *-er*** ou ***-é***, on remplace le verbe par un autre du 2e ou 3e groupe.

Exemples Il a aimé/er chanter/é.
voulu dormir
→ Il a aimé **chanter.**

-er ou -é ?

- **après une préposition** ou **un verbe : -er** — Elle aime chanter (écrire).
- **utilisé comme adjectif** ou **avec un auxiliaire : -é** — Elle a chanté (écrit).

5 * **Soulignez chaque participe passé dans ces phrases.**

a. Devinez ce que j'ai préparé !
b. Ce cadre n'est pas bien fixé au mur.
c. Nous partirons quand le soleil sera levé.
d. Cessez de vous agiter : vous êtes épuisés.

6 ** **Entourez l'orthographe qui convient.**

a. Il faut *prêté / prêter* ses jouets.
b. On nous a *raconter / raconté* des mensonges.
c. Elle a *posé / poser* pour des photographes.
d. Bruno cherche à *louer / loué* un gîte.

7 ** **Complétez les phrases en choisissant le verbe à l'infinitif ou son participe passé.**

a. *(aimer)* Lui avez-vous dit que vous l'avez toujours .... ?
b. *(nettoyer)* Demain, il faudra .... le tapis.
c. *(maquiller)* À la fête de l'école, tous les élèves ont été ....
d. *(s'évader)* Tout le monde a besoin de .... du quotidien.
e. *(chercher / cacher)* Tu as .... à .... ta bêtise.

8 *** **Complétez par la terminaison qui convient : *-é(s)* ou *-er*.**

Après avoir pris congé de Michel, Stead est all........ se couch.......... sans pressentir le moins du monde qu'un malheur était arriv.......... Vers minuit trente, il est éveill........ par de violents coups frapp.......... à sa porte. C'est le steward Etches qui, après avoir prévenu Ben Guggenheim et l'avoir aid........ à s'habill........ et à boucl.......... son gilet de sauvetage, vient lui propos.......... ses services.

Élisabeth Navratil, *Les Enfants du Titanic*, © Hachette Livre, 1998.

Identifier un verbe attributif

Les **verbes attributifs** relient l'attribut au sujet (voir leçons 49 et 50).

Le verbe ***être*** est le plus utilisé. Il peut remplacer tous les autres **verbes d'état** liés à une idée :
- → d'apparence : *paraître, sembler, se trouver...*
- → de continuité ou de transformation : *demeurer, rester, devenir...*

Certains **verbes au passif** (*être élu, être réputé, être considéré comme...*), certains **verbes d'action** (*naître, tomber, vivre...*) peuvent parfois être **attributifs**.

Exemples Il **est** impatient. Ils **demeurent** muets.
Vous **avez été élue** députée. Elle **tombe** amoureuse.

sujet
+
verbe attributif
être, sembler, rester, paraître...
+
attribut du sujet
(qualité, caractéristique du sujet)

9 * **Encadrez les verbes attributifs.**

a. Il semble vraiment isolé ici.
b. Son compagnon reste fidèle.
c. Est-elle maire ?
d. Roland devient commandant de l'arrière garde.
e. Les soldats paraissent très courageux.
f. Tes cousines sont demeurées bien silencieuses.

10 ** **Les verbes conjugués sont-ils attributifs ?**

	OUI	NON
a. Ce cours de chimie est passionnant.	○	○
b. Pour venir, ils passent par le parc.	○	○
c. Vous vous ressemblez beaucoup.	○	○
d. Tes parents semblent ravis.	○	○
e. Clara deviendra-t-elle championne ?	○	○
f. Ces enfants ne paraissent pas fatigués.	○	○
g. Ce journal paraît tous les samedis.	○	○
h. Vécurent-ils heureux ?	○	○

11 *** **Lisez cet extrait de poème. Entourez les verbes attributifs, puis soulignez les attributs du sujet qui les suivent.**

Chaque fleur endormie est droite sur sa tige.
Les grillons sont muets, sous les herbes tapis,
Et les vents fatigués semblent tous assoupis.
Même la brise au souffle à peine perceptible
Qui fait frémir la feuille à la branche flexible,
Sommeille, et l'onde fraîche est tranquille au bassin
Où le jour les oiseaux vont boire, par essaim.

Albert Lozeau, « Vespérales », *Poésies complètes* (t. 1), 1925.

Identifier un verbe transitif direct ou indirect

On distingue les différents types de verbes selon leurs constructions.

Les **verbes transitifs** appellent un, voire deux compléments d'objet. Ils sont :
- transitifs **directs** lorsque le complément (COD) est directement relié au verbe, sans préposition ;
- transitifs **indirects** quand une préposition (le plus souvent *à* ou *de*) relie le verbe au complément (COI).

Exemples L'inspecteur cherche **le coupable**.
L'inspecteur renonce **à trouver le moindre indice**.

Les verbes transitifs

- **directs** (+ COD) → Je pose la question : qui est-ce que ? ou qu'est-ce que ?
- **indirects** (+ COI) → Je pose la question : à qui ? de qui ? à quoi ? ou de quoi ?

12 * **Entourez chaque verbe transitif.**

a. Je relis ce manuscrit. b. Tu sembles déçu. c. Devant son attitude, elle renonce à l'aider.

13 ** **Reliez chaque verbe à sa construction.**

a. Nous transformons cette vieille bâtisse. •
b. Ils ont contribué à ce succès. •
c. Le technicien procède à des essais. •
d. À qui veux-tu parler ? •

• transitif direct
• transitif indirect

14 ** **Complétez ces phrases avec un verbe de votre choix. Indiquez s'il est transitif direct (TD) ou transitif indirect (TI).**

	TD	TI
a. Elle .... des fleurs pour composer un bouquet.	○	○
b. .... ne pas rentrer trop tard.	○	○
c. Mon petit frère .... au Père Noël.	○	○
d. Le médecin .... ces maladies rares.	○	○

15 *** **Entourez cinq verbes transitifs directs et soulignez deux verbes transitifs indirects. Que constatez-vous pour le verbe en gras ?**

Tandis que nous comparions nos tissus, il prit dans son autre besace un livre imprimé, avec des images qui représentaient des squelettes en train de danser, et le **montra** à Pierre Guerre. Celui-ci saisit le livre avec respect, le feuilleta du bout des doigts et demanda à son neveu, non sans quelque vieille méfiance :

– Tu as appris à lire ?

Jean-Claude Carrière, Daniel Vigne, *Le Retour de Martin Guerre*, coll. « Classiques contemporains », © Larousse, 2009.

Bilan Le verbe

Fiches 21 à 24
- Savoir lire un tableau de conjugaison
- Distinguer infinitif et participe passé en [e]
- Identifier un verbe attributif
- Identifier un verbe transitif, direct ou indirect

Je lis un tableau de conjugaison

16 ★ **Classez ces verbes selon leur groupe.**

penser • réfléchir • supposer • finir • soutenir • promettre • garantir • conclure • terminer

1er groupe	2e groupe	3e groupe
....	....	....
....	....	....
....	....	....

17 ★ **Précisez à quelle(s) personne(s) les verbes sont conjugués.**

a. .... arriva
b. .... auriez
c. .... souffle
d. .... est allé
e. .... voulais
f. .... avons dit
g. .... changeront
h. .... furent revenues

18 ★★ **Indiquez à quel temps de l'indicatif ces verbes sont conjugués.**

a. tu t'élanceras → ....
b. vous marchâtes → ....
c. ils ont eu → ....
d. j'avais reconnu → ....

19 ★★★ **Précisez à quel mode et à quel temps chaque verbe en gras est conjugué.**

« Tu comprends, lui dit-elle, comment **peut**-on **passer** une vie sans lire ? Il faut qu'on les **aide**, surtout maintenant qu'un vrai documentaliste est tombé du ciel. Je te prête le camping-car jusqu'à Noël. Après on **verra**. »

Susie Morgenstern, *Le Vampire du CDI*, © L'école des loisirs, 1997.

....

....

....

Je distingue infinitif et participe passé

20 ★ **Complétez les verbes par** *-é* **ou** *-er*.

a. Élève qui a su progress........ toute l'année.

b. Élève qui a progress...... tout au long du trimestre.

c. Élève qui s'est engag....... à particip........ davantage.

d. Élève qui ferait mieux d'écout........ ses camarades.

21 ★★ **Entourez la forme qui convient.**

a. Les arbres seront *élagués / élagué / élaguer*.

b. À quelle revue s'est-il *abonné / abonner / abonnée* ?

c. Il faudrait *lessiver / lessivé / lessivés* les murs.

d. J'espère ne rien *oublié / oublier / oubliés*.

22 ★★★ **Entourez les participes passés et soulignez les infinitifs.**

Quand je retrouvai ma hutte, le groupe électrogène avait déjà cessé de fonctionner. Mais un des serviteurs du camp avait placé la lampe tempête allumée sur la table de la véranda. Je m'installai près d'elle et me pris à rêver aux événements de la journée.

Joseph Kessel, *Le Lion*, © Gallimard, 1958.

J'identifie verbes attributifs et transitifs

23 ★ **Complétez chaque phrase par un verbe attributif différent.**

a. Les monstres .... terrifiants.

b. Les enfants .... captivés.

c. Quand on .... grand, on n'oublie pas les récits de son enfance.

d. Écouter des histoires merveilleuses .... un grand plaisir pour tous.

24 ★★ Indiquez si les verbes soulignés sont attributifs (A) ou transitifs (T).

a. Ils se marièrent, vécurent (..........) heureux et eurent (..........) beaucoup d'enfants.

b. Les châteaux de la Loire sont considérés comme (..........) des joyaux de la Renaissance.

c. Des jardins, on considère (..........) le château de Versailles d'une autre façon.

d. La tour du château leur semblait (..........) inaccessible.

e. Avec tous ces couloirs, il est (..........) difficile d'imaginer qu'ils aient trouvé (..........) l'accès.

25 ★★ Complétez avec la préposition *à* ou *de*.

a. L'amour triomphe-t-il .... tout ?

b. Vous vous attendez .... ce qu'il parte.

c. Ils ne tardent pas .... arriver.

d. Je m'aperçois .... mon erreur.

26 ★★ Complétez les phrases avec un verbe transitif direct.

a. Le roi .... un messager.

b. Il .... offrir son amitié.

c. Le roi .... son gant à Ganelon.

d. Le messager leur .... les paroles du suzerain.

e. ....-tu quelqu'un ici ?

f. Les pirates .... un trésor.

À l'écrit

27 ★★ Écriture • Associez un verbe attributif de la liste 1 à un groupe de mots de la liste 2 pour reconstituer des expressions. Choisissez une expression et insérez-la dans une phrase qui en éclaire le sens.

1. être • devenir • rester • sembler

2. • doux comme un agneau
• rouge comme une écrevisse
• sages comme des images
• fier comme un paon

28 ★★★ Réécriture • Réécrivez le texte en imaginant que le petit prince ne s'adresse pas à une seule fleur, mais à plusieurs. Faites toutes les modifications nécessaires.

« Que vous êtes belle !
– N'est-ce pas, répondit doucement la fleur. Et je suis née en même temps que le soleil… »
Le petit prince devina bien qu'elle n'était pas trop modeste, mais elle était si émouvante !

Antoine de Saint-Exupéry, *Le Petit Prince*,
© Gallimard, 1946.

....
....
....
....
....
....
....
....

29 ★★★ Dictée • Écrivez la dictée lue par votre enseignant-e.

....
....
....
....
....
....
....
....
....
....

Anne-Marie Cadot-Colin, *Merlin*,
© Librairie Générale Française, 2009.

À l'oral

30 ★★★ Complétez les phrases par un COD et un COI.

a. Monsieur Jourdain demande…

b. Vendredi apprend…

c. Arsène Lupin offre…

25 Les mots invariables

Utiliser des adverbes dans un texte

Les **adverbes** sont des mots invariables : leur orthographe ne varie pas.

Les **adverbes** permettent d'organiser le texte. Ils peuvent être placés en tête de phrase et avoir un rôle de compléments circonstanciels notamment de temps et de lieu.

Exemple **Hier**, nous sommes allés au cinéma.
adv. de temps

Les adverbes et les locutions adverbiales de **temps** les plus fréquents sont : *hier, aujourd'hui, demain, ensuite, enfin, aussitôt, puis…*

Les adverbes et les locutions adverbiales de **lieu** les plus utilisés sont : *ici, là, ailleurs, dedans, dehors, loin, quelque part…*

Les adverbes dans un texte
précisent par exemple :

- **le moment** *hier*
- **le lieu** *là*

1 Entourez les adverbes de temps.

vraiment • longtemps • aussi • maintenant • doucement • dorénavant • pourtant • auparavant • ensuite • autour • demain • souvent

2 Complétez ces phrases avec l'adverbe ou la locution adverbiale de lieu qui convient.

dehors • ici • quelque part • ailleurs • loin

a. Je ne retrouve plus mes clés : j'ai dû les laisser …………………………….

b. Tu connais cet endroit par cœur, va voir …………………………… !

c. Croyez-vous qu'il soit resté …………………………… ?

d. ……………………………, nous serons bien accueillis.

e. Nous n'en sommes plus très …………………………….

3 Entourez les adverbes de temps. Rédigez à la suite du texte une phrase contenant deux adverbes de lieu.

Joachim n'est pas venu hier à l'école et il est arrivé en retard aujourd'hui, l'air très embêté, et nous on a été très étonnés. On n'a pas été étonnés que Joachim soit en retard et embêté, parce qu'il est souvent en retard et toujours embêté quand il vient à l'école, surtout quand il y a interrogation écrite de grammaire […].

Sempé et Goscinny, « Joachim a des ennuis »,
Une histoire du petit Nicolas, © Gallimard Jeunesse, 1987.

→ ……………………………………………………………………………………………

……………………………………………………………………………………………

……………………………………………………………………………………………

Former un adverbe en *-ment*

En général, les **adverbes en *-ment*** se forment en ajoutant le suffixe *-ment* :

- à un adjectif au féminin.
- à un adjectif au masculin se terminant par *-é*, *-i*, *-u*, *-a*.

Exemples doux → douce → douce**ment**, fou → folle → folle**ment**
aisé → aisé**ment**, vrai → vrai**ment**

Les adjectifs terminés par ***-ent*** ou ***-ant*** donnent des adverbes en ***-emment*** et ***-amment***.

Exemples **prudent** → **prudemment**, **savant** → **savamment**

Les adverbes en -ment
=
adjectif masculin terminé par -é-, -i, -u, -a (vrai) **ou adjectif au féminin** (douce)
+
suffixe -ment
vraiment, doucement

4 * **Formez les adverbes à partir de ces adjectifs.**

a. poli → ....
b. dure → ....
c. violent → ....
d. mou → ....
e. galant → ....
f. passionné → ....

5 ** **Entourez l'adverbe en *-ment* qui est bien orthographié.**

a. Les enfants attendent *impatiamment* / *impatiemment* / *impatiement* la récréation.
b. Claire et Sarah ont *brillament* / *brillement* / *brillamment* réussi ce test.
c. Le chien attend-il *sageament* / *sagemment* / *sagement* que son maître revienne ?

6 ** **Remplacez les groupes prépositionnels soulignés par un adverbe correspondant.**

a. Énervée, elle lui a répondu <u>d'un ton sec</u>. → ....
b. <u>D'un point de vue local</u>, ce mode de consommation est intéressant. → ....
c. Renart le goupil répond <u>avec malice</u> au loup. → ....

7 *** **Réécriture • Repérez les quatre adverbes en *-ment*. Réécrivez le texte en les remplaçant par des groupes prépositionnels de même sens.**

En saisissant fermement ces joncs près de la racine, il arracha rapidement ce qui ressemblait étrangement à un jeune oignon, pas plus gros qu'un ongle. C'était tendre et ses dents plongèrent avidement dedans […].

Jack London, *L'Homme et le loup*,
trad. M. Laporte, © Le Livre de Poche, 2010.

→ ....
....
....
....

27 Les mots invariables

Utiliser les prépositions dans une description

Une **description** permet au lecteur de se représenter un personnage, un lieu ou encore une scène.

La description est organisée en suivant un ordre (de haut en bas, du premier à l'arrière-plan…) selon les besoins du récit.

Les **prépositions** et les locutions prépositives permettent de structurer cet ordre.

Exemples *sur, devant, dans, entre, parmi, sous, vers, avant, après, au milieu de, près de…*

Les prépositions dans une description
- permettent d'organiser les informations
  - de l'ensemble aux détails, et inversement
  - de haut en bas, de bas en haut…

8 * Reliez les prépositions aux locutions prépositives de sens proche.

entre •	• au-dehors de
hors •	• au-devant de
devant •	• au milieu de
près •	• auprès de

9 * Complétez chaque expression avec la préposition qui convient.

a. Dormir .... ses deux oreilles.

b. Être bien .... sa peau.

c. Être tiré .... les cheveux.

d. Faire froid .... le dos.

10 ** Soulignez les prépositions. Numérotez les phrases afin de retrouver l'ordre de la description.

a. [...] Elle avait deux ailes brillantes derrière le dos.

b. [...] Une fée sortit hors de l'eau.

c. [...] Le château se trouvait sur une colline.

d. [...] Dans la cour de ce château, coulait une rivière magique.

11 *** Soulignez les prépositions dans ce texte.

L'île était inhabitée. J'avais laissé derrière moi mes compagnons de bord, et je n'avais devant moi que des bêtes et des oiseaux. J'errai au hasard parmi les arbres. Çà et là poussaient des plantes en fleurs que je ne connaissais pas. Çà et là je voyais des serpents ; l'un d'eux, lové sur une saillie rocheuse, darda la tête vers moi […].

Robert Louis Stevenson, *L'Île au trésor*, 1883,
trad. de J. Papy, © Gallimard, 1974.

Distinguer conjonctions de coordination et de subordination

Les **conjonctions de coordination** *(mais, ou, et, donc, or, ni, car)* relient deux éléments qui ont la même fonction grammaticale.

Exemple Je veux <u>du pain</u> **et** <u>du beurre</u>.
COD COD

Les **conjonctions de subordination** *(que, quand, comme, si…)* relient une proposition principale et une proposition subordonnée qui dépend de la principale.
Les locutions conjonctives, très nombreuses, comportent en général la conjonction *que* après un autre élément : *puisque* (locution soudée), *bien que, alors que, parce que, après que, dès que…*

Exemple <u>Il achète un pain au chocolat</u> <u>**parce qu'**il a faim</u>.
Prop. principale Prop. subordonnée

Les conjonctions de coordination → relient deux mots ou groupes de mots de même fonction grammaticale

Les conjonctions de subordination → relient deux propositions : une principale et une subordonnée

12 * **Complétez ces phrases avec la conjonction de coordination qui convient.**

a. Elle reviendra nous voir .... elle ne restera pas dormir.

b. Tu devrais mettre un manteau .... il fait froid.

c. Elle révise ses leçons .... elle réussira son interrogation.

d. Vous n'aimez .... le roquefort .... le fromage de chèvre.

13 ** **Les mots soulignés sont-ils des conjonctions de subordination ?** OUI NON

a. Il est reposé <u>puisqu'</u>il revient de vacances. ○ ○

b. Je ne sais plus si elle préfère La Rochelle <u>ou</u> Biarritz. ○ ○

c. Je reviendrai <u>dès que</u> tu m'auras présenté tes excuses. ○ ○

d. Son père <u>et</u> sa mère acceptent-ils sa décision ? ○ ○

14 *** **Soulignez les conjonctions de coordination. Réécrivez le passage entre crochets en utilisant la locution de subordination** « si bien que ».

Il était une fois un homme qui avait de belles maisons à la ville et à la campagne, de la vaisselle d'or et d'argent, des meubles en broderie, et des carrosses tout dorés ; mais par malheur cet homme avait la barbe bleue : [cela le rendait si laid et si terrible qu'il n'était ni femme ni fille qui ne s'enfuît de devant lui].

Charles Perrault, « La Barbe bleue », 1697.

....

....

....

Bilan Les mots invariables

Fiches 25 à 28
- Utiliser des adverbes dans un texte
- Former un adverbe en *-ment*
- Utiliser les prépositions dans une description
- Distinguer conjonctions de coordination et de subordination

Je forme et utilise des adverbes

15 * Entourez les adverbes.

seulement • vêtement • rapidement • absolument • vraiment • bâtiment

16 * Retrouvez les adjectifs à l'origine de ces adverbes.

a. couramment → ……………………………………
b. drôlement → ……………………………………
c. puissamment → ……………………………………
d. nullement → ……………………………………
e. lentement → ……………………………………
f. gentiment → ……………………………………

17 ** Complétez ces phrases avec un adverbe en *-ment* qui convient.

a. L'ogre avale sa soupe …………………………………… .

b. Christophe Colomb attend …………………… de toucher terre.

c. Ces informations sont …………………… confidentielles.

18 * Soulignez les trois adverbes. Donnez pour chacun l'adjectif sur lequel il est formé.**

Dans la litière était assis un gros homme complètement chauve qui lisait un livre et agitait nonchalamment un grand éventail. Il portait la toge de sénateur à deux bandes rouges, et avait une suite particulièrement importante d'esclaves et d'admirateurs.

Henry Winterfeld, *L'Affaire Caïus*, trad. O. Séchan, © Hachette Livre, 1996.

1. ……………………………………
2. ……………………………………
3. ……………………………………

19 * Complétez ce texte avec des adverbes ou locutions adverbiales de votre choix.**

……………………, en rentrant du collège, j'ai aperçu …………………… un chaton blessé. ……………………, je me suis approché de lui. Effrayé, il a grimpé sur un arbre. Je suis resté …………………… en attendant qu'il se calme. Quelques instants ……………………, il s'est approché. J'ai ouvert la main et le chaton s'est blotti …………………… .

J'utilise des prépositions dans une description

20 ** Entourez les prépositions dans ce texte.

Dans son impatience à assister au premier cours, Erlend était arrivé trop tôt. Le cloître était encore désert. Seules quelques servantes chargées de seaux emplis d'eau allaient et venaient entre les maisons des chanoines.

Jacqueline Mirande, *Simon, bâtisseur de cathédrale*, © Castor Poche Flammarion, 2001.

21 ** Entourez l'orthographe qui convient.

a. Crois-tu qu'elle sera *a / à* l'heure ?

b. Nous sommes heureux de vous accueillir *parmi / parmis* nous.

c. Prend-elle le café avec ou *sans / cent* sucre ?

d. Installe-toi *près / prêt* de ton frère.

22 ** Complétez ces phrases avec une préposition qui convient.

a. …………… la route, nous avons rencontré un voyageur.

b. Il venait …………… Espagne et se rendait …………… Allemagne.

c. Il voyageait …………… bagage.

23 ★★★ **Entourez les prépositions.**

Don Rodrigue est à la chasse.
Sans épée et sans cuirasse,
Un jour d'été, vers midi,
Sous la feuillée et sur l'herbe,
Il s'assied, l'homme superbe,
Don Rodrigue le hardi.

Victor Hugo, « Romance mauresque », *Les Orientales*, 1829.

Je distingue conjonctions de coordination et de subordination

24 ★★ **Complétez ces phrases avec une conjonction de coordination qui convient.**

a. Veulent-ils rester .... partir ?

b. Je t'écris aujourd'hui .... posterai ma lettre dès demain.

c. Apporte-moi une tasse de thé .... sans sucre s'il te plaît.

d. Vous vous obstinez .... vous savez que vous avez tort.

e. Votre récit ne contiendra .... danger .... violence.

25 ★★★ **Réécrivez les phrases en remplaçant les conjonctions de coordination par une conjonction de subordination de même sens.**

a. Tu gagnes des compétitions car tu t'entraînes beaucoup.

→ ....

....

b. Vous êtes fâchés donc vous ne vous parlez plus.

→ ....

....

c. J'ai payé le prix fort or l'étiquette indique une réduction !

→ ....

....

À l'écrit

26 ★★ **Écriture • Choisissez un lieu et décrivez-le le plus précisément possible en utilisant des prépositions. Soumettez votre texte à un-e camarade qui devra dessiner ce lieu à partir de vos indications.**

27 ★★★ **Réécriture • Réécrivez cette réplique en remplaçant les astérisques par les conjonctions de coordination qui ont été supprimées.**

SGANARELLE. – Je ne parle pas pour vous, * vous êtes honnête homme, * je serai ravi de vous rendre service ; * il y a de certains impertinents au monde qui viennent prendre les gens pour ce qu'ils ne sont pas.

D'après **Molière**, *Le Médecin malgré lui*, Acte II, scène 5, 1666.

....

....

....

....

....

....

28 ★★★ **Dictée • Écrivez la dictée lue par votre enseignant-e.**

Tantor..

....

....

....

....

....

....

....

....

Edgar Rice Burroughs, *Tarzan, Seigneur de la jungle*, 1912.

À l'oral

29 ★ **Voici une phrase pour mémoriser 9 prépositions. Saurez-vous les retrouver ?**

Adam part pour Anvers avec cent sous.

Réviser la notion de phrase

Pour être correcte, **une phrase** doit :
- → être bien structurée ;
- → avoir du sens ;
- → commencer par une majuscule et se terminer par un point.

La **phrase simple** ne contient qu'**un seul verbe et son sujet**.
La **phrase complexe** contient **plusieurs verbes et leurs sujets,** donc plusieurs propositions.

Exemples Sors ! Il ouvre la grille. *(phrases simples)*
Il sortit et il ouvrit la grille. Sors sinon les tigres te mangeront ! *(phrases complexes)*

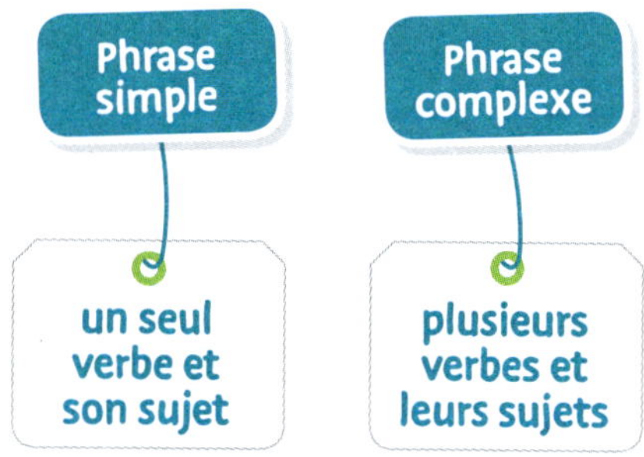

1 * Chaque phrase est-elle simple ou complexe ?

	SIMPLE	COMPLEXE
a. Les habitants du sud de la Loire doivent rester vigilants.	○	○
b. Le beau temps revient par l'ouest mais le vent persiste.	○	○
c. Il semble qu'un parapluie reste indispensable ce weekend.	○	○
d. Le verglas et les chutes de grêle persisteront jusqu'à midi.	○	○

2 ** Remettez les mots dans l'ordre afin d'obtenir une phrase simple correcte.

a. science-fiction. / films / préfère / de / Thomas / les

....

b. match. / Strasbourgeois / brillamment / Les / leur / remportent

....

c. prochaine / se / La / à / internationale / tiendra / Paris. / conférence

....

3 * Réécriture • Réécrivez les cinq phrases en rétablissant la ponctuation qui convient.**

or la dame a entendu les bossus chanter et s'amuser elle veut à nouveau entendre leurs chants pour les écouter elle ferme soigneusement les portes pendant qu'ils chantent et se divertissent avec elle voici que revient le seigneur et maître il n'a pas été longtemps absent

D'après « Les trois bossus », *Les Fabliaux du Moyen Âge*, © Hatier, 2014.

....

....

....

....

30 L'analyse de la phrase

Distinguer phrase verbale et non verbale

Une **phrase verbale** est organisée autour d'**un verbe**. Le plus souvent, elle est constituée du verbe, de son sujet et d'un ou plusieurs compléments.

La **phrase non verbale** n'est **pas organisée autour d'un verbe**. Elle est généralement constituée d'un groupe nominal, parfois associé à un adjectif qualificatif, un groupe prépositionnel…

Exemples Tous les articles **sont soldés** jusqu'à mardi.
(phrase verbale)
Soldes exceptionnels jusqu'à mardi !
(phrase non verbale)

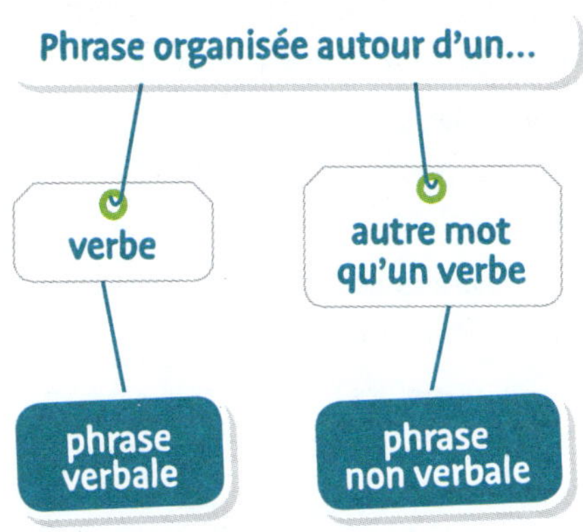

4 * Soulignez les verbes conjugués dans ces phrases.

a. Peut-être irons-nous danser ce soir ?
b. Il a mangé une pomme au goûter.
c. Je me cacherai là à te regarder danser.
d. Sauter sur le canapé est interdit.

5 ** Indiquez pour chaque slogan s'il s'agit d'une phrase verbale ou non verbale.

a. AirPods : les fils en moins, la magie en plus. (Apple) •
b. Quand c'est bon, c'est Bonduelle. •
c. Carglass répare, Carglass remplace. •
d. La perfection au masculin. (Gillette) •

• phrase verbale
• phrase non verbale

6 * Transformez ces appréciations ou informations en phrases verbales.**

a. Excellent devoir ! → ……………………………………
b. Des efforts à accentuer. → ……………………………………
c. Accueil des 5e le 30 novembre. → ……………………………………
d. Exceptionnellement, repas à 11 h 30. → ……………………………………

7 ** Entourez les phrases verbales et soulignez les phrases non verbales.

MADAME BOULINGRIN. – C'est cela. Prenez un siège.
MONSIEUR DES RILLETTES. – Merci.
MONSIEUR BOULINGRIN. – Non. Pas celui-ci ; celui-là ! […]
MADAME BOULINGRIN. – Asseyez-vous. Là, sur cette chaise !
MONSIEUR BOULINGRIN. – Pas sur celle-là, je vous dis !

Georges Courteline, *Les Boulingrin*, scène 3, 1898.

Employer la ponctuation à l'intérieur d'une phrase

La **ponctuation à l'intérieur de la phrase** aide à la structurer.

La **virgule** permet de séparer des mots ou groupes de mots pour les juxtaposer, pour les détacher ou les isoler.

Le **point-virgule** sépare des propositions et marque une pause moyenne.

Les **deux-points** indiquent un rapport entre les mots qu'ils séparent : ils annoncent une énumération ou une explication.

Exemple Maman, je suis sortie ; j'attends ton message : tu viens ou je rentre seule ?

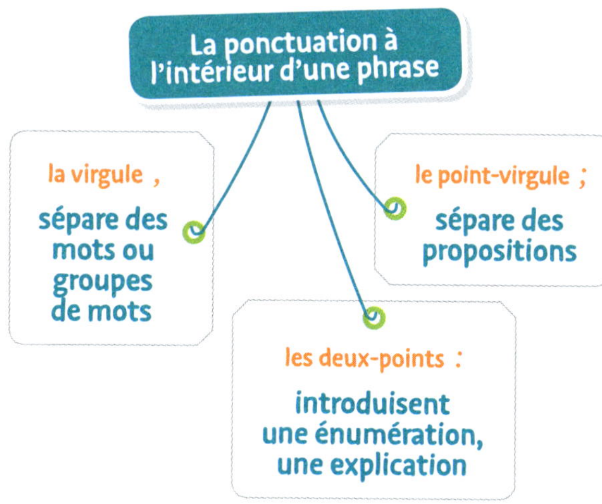

8 * **Cochez les phrases dont la ponctuation est correcte.**

a. ◯ Le facteur, a déposé le colis à la poste.
b. ◯ Parfois, la route s'écartait du rivage.
c. ◯ Ce texte est long, ennuyeux et compliqué.
d. ◯ Je me sentais, flattée honorée.

9 * **Complétez les phrases avec la ponctuation qui convient.**

a. Aujourd'hui nous avons eu deux évaluations une en histoire une en SVT.
b. Antonio Emmanuel et toi hésitez acheter ou louer des skis.
c. Nous lisions dans le jardin nous discutions de ce que nous avions lu.

10 ** **Les huit virgules de ce poème ont disparu. Rétablissez-les à l'endroit qui convient.**

Je marcherai les yeux fixés sur mes pensées
Sans rien voir au dehors sans entendre aucun bruit
Seul inconnu le dos courbé les mains croisées
Triste et le jour pour moi sera comme la nuit.

Victor Hugo, « Demain, dès l'aube… », *Les Contemplations*, 1856.

11 *** **Rétablissez la ponctuation de ce texte aux endroits indiqués.**

Je ne sais pas si je vous ai déjà parlé de mes copains .... mais je sais que je vous ai parlé du terrain vague. Il est terrible .... il y a des boîtes de conserve .... des pierres .... des chats .... des bouts de bois et une auto. Une auto qui n'a pas de roues .... mais avec laquelle on rigole bien .... on fait « vroum vroum » .... on joue à l'autobus .... à l'avion .... c'est formidable !

Jean-Jacques Sempé et René Goscinny, *Les Récrés du Petit Nicolas*, © Denoël, 1963.

32

L'analyse de la phrase

Employer la ponctuation dans un dialogue

Le **dialogue** inséré dans un récit se reconnaît visuellement à sa ponctuation.

Il est annoncé par les **deux-points** et, le plus souvent, encadré par les **guillemets**.

Le **tiret** en début de ligne indique qu'un nouveau personnage prend la parole.

Les virgules isolent une **proposition incise** construite autour d'un verbe de parole et indiquant qui parle, sur quel ton, etc.

Exemples **«** Tu voudrais bien aller au bal, n'est-ce pas ?
– Hélas ! oui, dit Cendrillon en soupirant.
– Eh bien, seras-tu bonne fille ?
dit sa marraine**,** je t'y ferai aller. **»**

Charles Perrault, *Contes de ma mère l'Oye*, 1697.

La ponctuation dans un dialogue

- les guillemets « » encadrent le dialogue
- le tiret – montre qu'un nouveau personnage parle
- la virgule , isole une proposition incise — *Qui parle ? Comment ?*

12 ** Soulignez les verbes de parole. Complétez le dialogue avec des guillemets et un tiret.

..... Serpent ! criait le Pigeon.

..... Je ne suis pas un serpent, s'exclama Alice avec indignation. Laissez-moi tranquille !.....

Lewis Carroll, *Alice au pays des merveilles*, 1865, d'après trad. H. Bué, 1869.

13 ** Ponctuez ces phrases comme il convient pour retrouver le dialogue.

..... Je suis innocent........ soutenait-il........ puisque j'étais chez moi ce soir-là.

..... Rien ne nous le prouve........ dit l'inspecteur en souriant.

..... Il était avec moi........ chuchota soudain Ben........ il m'a aidé à remplir les sacs........

14 * Réécriture • Transformez ce dialogue de théâtre en un dialogue inséré dans un récit. Utilisez les verbes « demanda », « affirma » et « ordonna ». Soulignez les propositions incises que vous aurez employées.**

GÉRONTE. – Que diable allait-il faire dans cette galère ?
SCAPIN. – Une méchante destinée conduit quelquefois les personnes.
GÉRONTE. – Il faut, Scapin, il faut que tu fasses ici, l'action d'un serviteur fidèle.

Molière, *Les Fourberies de Scapin*, II, 7, 1671.

....

....

....

....

....

Analyser une phrase complexe

Une **phrase complexe** comporte **plusieurs verbes avec leur sujet,** donc plusieurs propositions.

Elle peut comporter :

→ une suite de propositions pouvant à elles seules former une phrase : ce sont les propositions **indépendantes**.

Exemple [J'attendais une lettre] ; [elle est arrivée.]
Prop. 1 — Prop. 2

→ une **principale** et une ou plusieurs <u>subordonnées</u> qui peuvent être introduites par une conjonction de subordination *(que, quand, comme, si, lorsque, quoique…)* ou un pronom relatif *(qui, que, dont…)*.

Exemple **[La lettre** [<u>que j'attendais</u>] **est enfin arrivée.**]
<u>Prop. relative</u> — Prop. principale

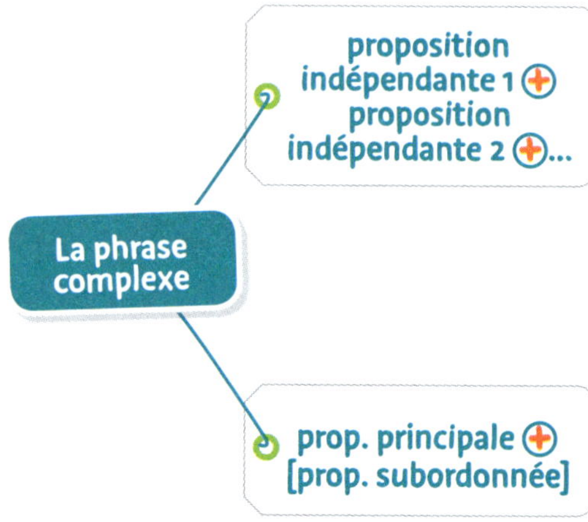

15 * Soulignez les verbes conjugués. Entourez la ponctuation qui sépare les propositions.

a. J'ai froid, je relève mon col, comme d'habitude.

b. Ça change tout dedans, ça change tout autour.

c. Tu ris aux éclats : on voit toutes tes dents.

16 ** Soulignez les verbes conjugués. Séparez chaque proposition par une barre (/).

a. Le musée que nous visitons possède de fabuleuses collections.

b. Je viendrai pour t'aider et nous ferons les cartons ensemble.

c. Ils espèrent que le public viendra nombreux pour les applaudir.

d. Tout vient à point à qui sait attendre.

17 ** a. Entourez les conjonctions de coordination ou de subordination. b. Soulignez le pronom relatif. c. Notez le nombre de propositions.

1. Léo a choisi une glace au café mais il préfère le chocolat. ....
2. Comme tu ne viens plus, je suis triste. ....
3. J'ai sorti les photos que tu voulais revoir et je te les donne. ....

18 * Mettez les propositions entre crochets. Déduisez-en le nombre de phrases complexes, puis soulignez une proposition subordonnée.**

« Souviens-toi de ton père, Achille pareil aux dieux. Il a mon âge. Il est, tout comme moi, au seuil maudit de la vieillesse. Des voisins l'entourent, qui le tourmentent sans doute, et personne n'est près de lui, pour écarter le malheur, la détresse ! »

Homère, *Iliade*, chant XXIV, trad. Paul Mazon, © Les Belles Lettres, 1937.

34

L'analyse de la phrase

Distinguer juxtaposition et coordination

Une phrase complexe comporte au moins deux propositions qui sont appelées **indépendantes** quand elles ne dépendent d'aucune autre et qu'aucune autre proposition ne dépend d'elles.

Si elles sont :

→ séparées par un signe de ponctuation : elles sont **juxtaposées** ;

→ reliées par une conjonction de coordination ou un adverbe de liaison : elles sont **coordonnées**.

Exemples J'ai bien reçu ta lettre**,** je l'ai lue avec plaisir. *(juxtaposition)*
Tu m'as écrit **mais** je n'ai rien reçu. *(coordination)*

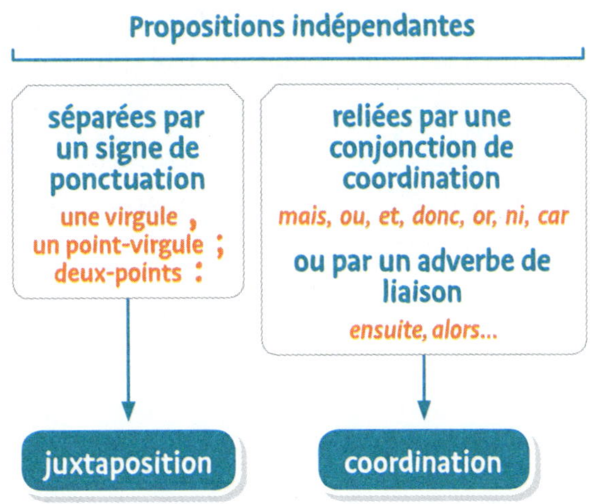

19 * Complétez les phrases par une proposition indépendante. Précisez si les propositions sont juxtaposées (J) ou coordonnées (C).

	J	C
a. ...., il avait l'air en colère.	○	○
b. Le conseil de classe a lieu demain donc	○	○
c. Veux-tu aller au cinéma ou .... ?	○	○
d. J'aime cette chanson : .... !	○	○

20 ** Réunissez ces phrases simples en une phrase complexe contenant une conjonction de coordination.

a. Tu as glissé. Du verglas s'est formé cette nuit. → ....

b. Les athlètes s'échauffent. Ils s'entraînent. → ....

c. Ils sont allés au stade. Il n'y avait pas de match. → ....

....

21 * Entourez la phrase constituée de deux indépendantes juxtaposées et soulignez la phrase constituée de deux indépendantes coordonnées.**

« Nous formons le dernier noyau humain aux environs de la cité, mais les singes ne nous toléreront pas en liberté si près d'eux. Dans les autres camps, quelques hommes ont fui au loin, dans la jungle, les autres se sont rendus pour avoir de quoi manger à leur faim. »

Pierre Boulle, *La Planète des singes*, © Éditions Julliard, 1963.

Bilan L'analyse de la phrase

Fiches 29 à 34
• Réviser la notion de phrase • Distinguer phrase verbale et non verbale • Employer la ponctuation à l'intérieur de la phrase • Employer la ponctuation dans un dialogue • Analyser une phrase complexe • Distinguer juxtaposition et coordination

J'emploie la ponctuation

22 ** Ponctuez le texte et rétablissez les majuscules pour faire apparaître trois phrases.

quand je vais chez mes grands-parents j'aime jouer avec eux ma grand-mère est redoutable au scrabble mon grand-père préfère les jeux de cartes

....

....

....

....

23 ** Rétablissez la ponctuation de ce dialogue.

Elle ouvrit la porte et dit
Tu as appris la nouvelle
Quelle nouvelle ? lui demandai-je.
Notre emploi du temps change la semaine prochaine
Mais lui répondis-je comment l'as-tu appris
J'ai écouté derrière la porte m'a-t-elle avoué.

24 * Proposez deux ponctuations possibles à cette phrase.**

Ce médecin dit mon père est compétent.

→ ....

....

→ ....

....

Je distingue phrase verbale et non verbale

25 * Soulignez les phrases correctes.

a. C'est une très belle performance.
b. Question il n'est pas pour l'instant de.
c. Alexandre est absent pour raison familiale.

26 * S'agit-il de phrases verbales (V) ou non verbales (NV) ?

	V	NV
a. Hausse des prix de l'immobilier.	○	○
b. Silence !	○	○
c. L'aube sera grandiose.	○	○
d. Je m'appelle Mina.	○	○
e. Par ici ! Sortie en vue !	○	○

27 * Soulignez les phrases verbales. Puis transformez chaque phrase non verbale en phrase verbale.**

Une paresse cérébrale s'est emparée de nous. Plus de livres. Les romans policiers sont même devenus une fatigue intellectuelle trop grande. Plus de jeux ; des réussites, à la rigueur. Même le cinéma enfantin ne nous tente plus.

D'après **Pierre Boulle**, *La Planète des singes*, 1963, © Éditions Julliard.

→ ....

....

....

....

J'analyse une phrase complexe

28 * Dites si ces affirmations sont vraies ou fausses.

	VRAI	FAUX
a. Une phrase simple peut contenir plusieurs verbes.	○	○
b. Une phrase simple peut contenir plusieurs verbes conjugués.	○	○
c. Une phrase complexe peut contenir un seul verbe conjugué.	○	○
d. Une phrase complexe peut contenir quatre verbes conjugués.	○	○

29 ** Soulignez les verbes conjugués puis séparez les propositions par /.

« Il y a de longues années de cela, quand je me rendais à Paris ou sur la Côte d'azur, j'étais toujours fascinée en apercevant l'Orient-Express à Calais et je me rêvais en passagère de ce train. Depuis lors il est devenu un vieil ami, mais le frisson n'a jamais complètement disparu. »

Agatha Christie, *La Romancière et l'Archéologue*, 1946, © Petite Bibliothèque Payot voyageurs, 2006.

Je distingue juxtaposition et coordination

30 * Lisez le texte de l'exercice 29. Surlignez les conjonctions de coordination qui relient deux propositions.

31 * Entourez le signe de ponctuation qui sépare les propositions dans ces morales. Ajoutez une conjonction de coordination.

a. Il se faut entr'aider, c'est la loi de la nature.

....

b. Les délicats sont malheureux ;
Rien ne saurait les satisfaire. ....

c. Rien ne sert de courir, il faut partir à point.

....

32 ** Réécrivez les phrases afin de remplacer la juxtaposition par la coordination.

a. Il n'écrivit pas pendant trois semaines ; il n'appela pas pendant trois semaines.

→ ....

....

b. Nous étions inquiets : il était parti seul.

→ ....

....

c. Il revint, il ne donna aucune explication, nous le sentions changé.

→ ....

....

À l'écrit

33 ** Écriture • Racontez une visite agréable. Vous utiliserez au moins une phrase non verbale, deux phrases complexes et insérerez un court dialogue, correctement ponctué.

34 ** Réécriture • Transformez ces répliques de théâtre en un dialogue à insérer dans un récit. Utilisez les verbes « dire » et « s'écrier ».

CLÉANTE. – Mon Dieu, mon père, vous n'avez pas lieu de vous plaindre ; et l'on sait que vous avez assez de bien.

HARPAGON. – Comment ? j'ai assez de bien ! Ceux qui le disent en ont menti.

Molière, *L'Avare*, I, 4, 1668.

....

....

....

....

....

....

35 * Dictée • Écrivez la dictée lue par votre enseignant-e.**

....

....

....

....

....

....

....

....

....

....

Sue Mayfield, *Tony et le goéland*, © Pocket, 1996.

À l'oral

36 ** Lisez ce passage en ajoutant la ponctuation. Proposez-en plusieurs lectures.

Je reviens à Marseille les gens sont toujours pressés quelle que soit la saison ils courent.

35 Les types et les formes de phrase

Distinguer les types de phrase

On distingue **quatre types de phrase** qui permettent chacun d'exprimer une intention particulière.

1. La phrase de **type déclaratif** apporte une information. Elle se termine par un point ou des points de suspension.

2. La phrase de **type interrogatif** permet de poser une question. Elle se termine par un point d'interrogation.

3. La phrase de **type injonctif** permet de donner un ordre. Elle se termine par un point ou un point d'exclamation.

4. La phrase de **type exclamatif** permet d'exprimer une émotion ou un sentiment fort. Elle se termine par un point d'exclamation.

Exemples **1.** Paul et son frère viennent diner ce soir.
2. Qui vient dîner ce soir ?
3. Viens à table !
4. Comme ce repas était délicieux !

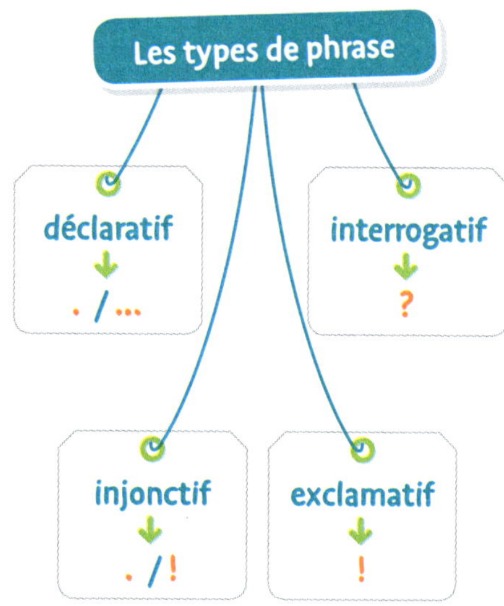

1 * **Complétez ces phrases avec la ponctuation qui convient.**

a. Quel bonheur de te voir ....

b. Quand partez-vous en vacances ....

c. Je serai de retour dans une heure ....

d. Cesse donc tes enfantillages ....

2 * **Associez chaque phrase à son type.**

a. Lequel de ces deux livres préfère-t-elle ? •

b. Tu ne devrais pas attendre avant de te décider. •

c. Avant de te décider, ne devrais-tu pas réfléchir ? •

d. Elle explique pourquoi elle préfère ce livre. •

• type déclaratif

• type interrogatif

3 ** **Reliez chaque phrase à son intention.**

a. Quelle belle soirée ! •

b. Quelle est ta nouvelle adresse ? •

c. Qu'elle sorte immédiatement ! •

• donner un ordre

• poser une question

• exprimer un sentiment

4 ** **Indiquez le type de chacune de ces phrases.**

Sur ma vie, est-ce pour cela que tu pleurais ? Pourquoi ne le disais-tu pas ? Ne fais pas la tête pour si peu !

Le Roman de Renart, adap. **Anne Leteissier**, © Magnard, coll. « Classiques et Patrimoine », 2016.

....

....

Bien rédiger les phrases interrogatives

On distingue deux types de **phrases interrogatives**.

L'**interrogation totale** porte sur l'ensemble de la phrase. La réponse est *oui* ou *non*. La question peut être formulée avec *est-ce que*. Si le sujet est un pronom personnel, il est inversé par rapport au verbe. S'il est un nom ou un GN, il est repris par le pronom personnel correspondant, après le verbe.

Exemples Est-ce qu'il dort ? Dort-il ?
Adam dort-il ? L'enfant dort-il ?

L'**interrogation partielle** porte sur une partie de la phrase. Elle est introduite par un mot interrogatif qui peut être :
- → un déterminant : *quel...*
- → un pronom : *qui, que, quoi, lequel...*
- → un adverbe : *où, quand, comment, pourquoi...*

Exemples **Quelles** fleurs lui offrirons-nous ?
Que veut-elle ? **Lesquels** préférez-vous ?
Quand reviendrez-vous ? **Pourquoi** ne pas dire la vérité ?

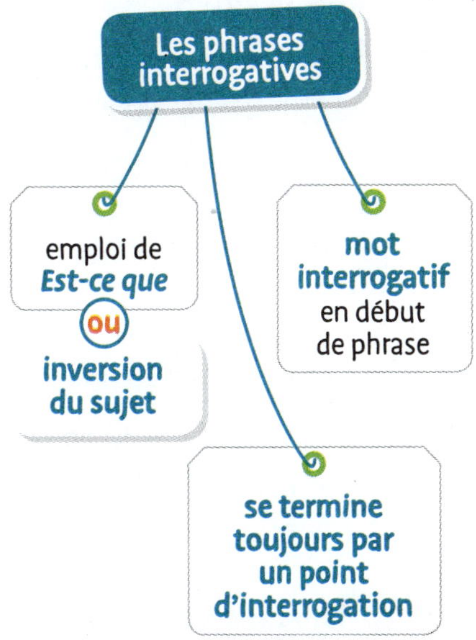

5 * Complétez ces phrases interrogatives avec le pronom sujet qui convient.

a. Les enfants sont-......... déjà couchés ?
b. Mélodie a-t-........... reçu notre lettre ?
c. Juliette et Valentine passeront-............. ?
d. Le médecin appellera-t-....... avant ce soir ?

6 ** Formez des phrases interrogatives portant sur l'élément souligné.

Ex : Anne arrivera à 18 heures. → À quelle heure Anne arrivera-t-elle ?

a. Ce café vient de Colombie. → ....

b. Le train partira de la voie 43. → ....

c. Deux lynx se sont échappés du zoo. → ....

7 * Réécriture • Soulignez les phrases interrogatives et réécrivez-les en inversant le sujet.**

« Qu'est-ce que tu fais là ? lui demanda d'une voix rude un homme de haute taille qu'il n'avait pas vu venir.
– Je me repose, répondit Michel Strogoff.
– Est-ce que tu aurais l'intention de passer la nuit sur ce banc ? reprit l'homme. »

Jules Verne, *Michel Strogoff*, 1876.

....

....

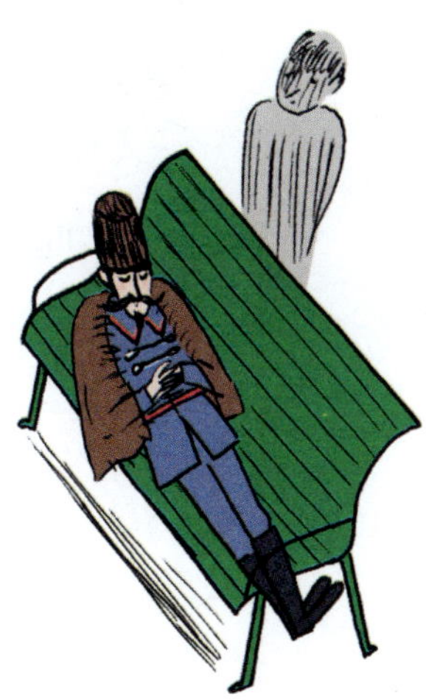

Distinguer forme affirmative et forme négative

Toute phrase peut connaître une **forme affirmative** et une **forme négative**.

Exemples Tu seras à l'heure. *(forme affirmative)*
Tu **ne** seras **pas** à l'heure. *(forme négative)*

La **forme négative** sert à nier l'énoncé affirmatif. On l'obtient par l'emploi :
- → des **adverbes** ou **locutions adverbiales** : *non, ne, guère, jamais, pas, plus, point, nulle part, etc.* ;
- → des **pronoms** : *personne, rien* ;
- → des **déterminants** : *nul, aucun.*

Exemples Vous **n'**êtes **jamais** contents ! **Personne n'**a le droit de partir avant la fin. **Nul n'**est censé ignorer la loi.

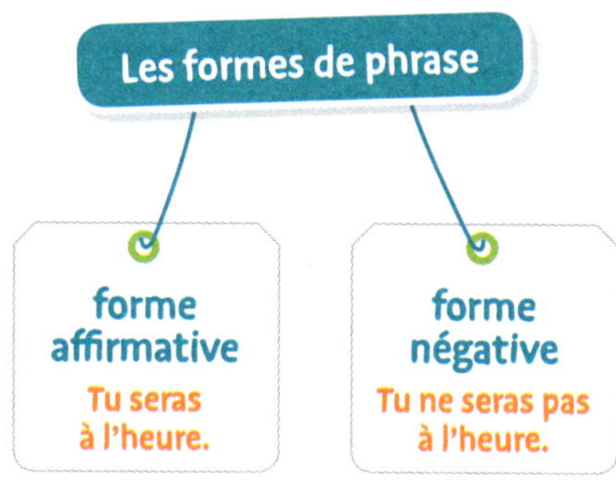

8 * Entourez les mots de négation dans ces phrases.

a. Elle n'est pas d'accord avec toi.
b. Vous ne faites aucun effort.
c. Sur ce sujet, Manon n'a point tort.
d. Rien ne m'empêchera de venir te voir !

9 ** Mettez ces phrases à la forme négative.

a. Les enfants veulent du dessert. → ....

b. Pourquoi souhaite-t-elle aller danser ? → ....

c. Tout est en place. → ....

d. Tout le monde a lu ce nouveau livre. C'est un grand succès !

→ ....

10 * Reliez les mots de négation en gras à leur classe grammaticale.**

a. **Rien** n'y fera. •	• déterminant
b. Ne prends **aucun** risque ! •	• pronom
c. Ce **n'**est **pas** croyable. •	• adverbe

11 ** Soulignez les mots de négation dans ces répliques.

ARGANTE. – Quoi ? Je n'aurai pas pour moi les droits de père, et la raison de la violence qu'on a faite à mon fils ?

SCAPIN. – C'est une chose dont il ne demeurera pas d'accord.

ARGANTE. – Il n'en demeurera pas d'accord ?

SCAPIN. – Non.

Molière, *Les Fourberies de Scapin*, Acte I, scène 4, 1671.

Employer les adverbes de négation

L'**adverbe *non*** reprend de manière négative une idée, une proposition. Il peut constituer à lui seul une réponse.

Exemple Viens-tu avec nous ? **Non.**

L'**adverbe *ne*** est accompagné d'un autre mot pour former des phrases de forme négative : *pas, point, aucunement, guère, jamais, nul, nullement, personne, rien...*

Exemple Je **ne** viens **pas** avec vous.

Les adverbes de négation

- ***non*** → **reprend une proposition**
- ***ne*** + **autre mot de négation *(plus, pas, rien)***

12 * Mettez ces phrases à la forme négative.

a. Je range toujours ma chambre. → ....

b. Il dort huit heures par nuit. → ....

c. Tout le monde aime la course à pied. → ....

d. Tout le console. → ....

e. Aimes-tu jouer aux échecs ? → ....

13 ** Complétez ces phrases par le mot de négation qui convient.

nullement • rien • non • guère

a. As-tu pris ton manteau ? ....

b. Ils n'ont .... l'intention d'en parler.

c. Ce n'est .... engageant.

d. .... ne t'oblige à le faire.

14 * Réécriture • Réécrivez le texte en mettant les passages soulignés à la forme négative afin que le texte retrouve tout son sens.**

« Oui, oui, répétai-je, oui, je parlerai ! Il voudrait y aller, je le connais ; tout saurait l'arrêter. C'est une imagination volcanique, et, pour faire ce que d'autres géologues ont fait, il risquerait sa vie.[…] Je veux me reprocher un jour de l'avoir conduit à sa perte ! »

D'après **Jules Verne**, *Voyage au centre de la Terre*, 1864.

....

....

....

....

....

39

Les types et les formes de phrase

Distinguer forme active et forme passive

Pour savoir si un verbe est à la **voix active** ou **passive**, il faut se demander qui fait l'action.
À la voix active, le **sujet grammatical** accomplit l'action exprimée par le verbe.

Exemple **Les douaniers** ont arrêté le navire.

À la voix passive, c'est le **complément d'agent** qui accomplit l'action. Le sujet grammatical commande seulement l'accord du verbe.

Exemple **Le navire** a été arrêté par les douaniers.
complément d'agent

Seuls les verbes transitifs directs peuvent se mettre à la voix passive. Le complément d'agent est introduit par une préposition : *de* ou *par* (voir leçon 52 p. 77).

forme active
Le sujet fait l'action
Le vent secoue les branches.

forme passive
Le sujet subit l'action, le complément d'agent accomplit l'action
Les branches sont secouées **par le vent.**

15 * Indiquez à quelle forme sont ces phrases.

	ACTIVE	PASSIVE
a. Ce professeur est admiré de tous.	○	○
b. Hélène arrive de Naples.	○	○
c. Qui tondra la pelouse ?	○	○
d. Le sable de la plage a été ratissé.	○	○
e. Par qui la pelouse sera-t-elle tondue ?	○	○
f. Aucun vent n'a soufflé sur la Martinique.	○	○

16 ** Soulignez les phrases à la forme passive.

a. J'ai beaucoup aimé ce film.
b. Tous les palmiers n'ont pas été déracinés par la tempête.
c. Les enfants seront scolarisés à partir de l'âge de trois ans.
d. Demain, nous serons en vacances !
e. La vaccination est-elle recommandée ?
f. Le champion a-t-il atteint toutes les cibles ?

17 * Entourez la proposition à la forme active. Soulignez la proposition à la forme passive. Quelle préposition introduit le complément d'agent ?**

Le Scotia n'avait pas heurté, il avait été heurté, et plutôt par un instrument tranchant ou perforant que contondant.

Jules Verne, *Vingt mille lieues sous les mers*, 1870.

Le complément d'agent est introduit par la préposition ....

Construire des phrases à la forme passive

À la **forme passive**, le verbe est toujours composé de l'**auxiliaire *être*** suivi du **participe passé du verbe**. L'auxiliaire *être* est conjugué au même temps et au même mode que le verbe de la forme active.

Exemple Alex **a ouvert** ton colis.
→ Ton colis **a été ouvert** par Alex.

À la forme passive, il faut penser à accorder le participe passé avec le sujet.

Exemple **Tes colis** ont été ouverts par Alex.

sujet + auxiliaire *être* au temps du verbe à la forme active + participe passé du verbe + complément d'agent (facultatif)

→ Phrase à la forme passive

18 ** **Mettez la forme active à la forme passive.**

a. L'animatrice organise une sortie au zoo. → Une sortie au zoo .... par l'animatrice.

b. Mon amie a réalisé cet origami. → Cet origami .... par mon amie.

c. Ton père avait laissé un message. → Un message .... par ton père.

19 *** **Transformez ces phrases à la forme passive.**

a. Les plus grands feront la vaisselle. → ....

b. Cette semaine, le maraîcher récolte les fraises.

→ ....

c. Le professeur a félicité les nouvelles élèves. → ....

....

d. Le détective a résolu le mystère des bijoux volés.

→ ....

20 ** **Réécriture • Soulignez le verbe à la forme passive. Puis réécrivez la phrase à la forme active.**

L'ingénieur, à travers les mailles du filet qui avaient cédé, avait été enlevé par un coup de mer. Son chien avait également disparu. Le fidèle animal s'était volontairement précipité au secours de son maître.

Jules Verne, *L'Île mystérieuse*, 1874.

....

....

....

Bilan Les types et les formes de phrase

Fiches 35 à 40

• Distinguer les types de phrase • Bien rédiger les phrases interrogatives • Distinguer forme affirmative et forme négative • Employer les adverbes de négation • Distinguer forme active et forme passive • Construire des phrases à la forme passive

Je distingue les types de phrase

21 * Inventez une réponse pour chaque phrase de type interrogatif. Quel type de phrase allez-vous employer ?

a. À quelle heure est la séance de cinéma ?

→ ....

b. Combien de clémentines voulez-vous ?

→ ....

Il faut employer des phrases .... pour répondre.

22 ** Répondez à ces questions par une phrase de type déclaratif à la forme négative.

a. Visiteras-tu avec nous ce musée ?

→ ....

b. Savez-vous combien de personnes sont invitées ?

→ ....

....

c. Est-ce que tout le monde parle anglais ?

→ ....

d. Est-ce que cela te plaît ?

→ ....

23 * Soulignez les phrases de type interrogatif. Entourez les phrases de type injonctif. De quel type est la phrase en gras ?**

LOUISON. – Qu'est-ce que vous voulez mon papa ? **Ma belle-maman m'a dit que vous me demandez.**

ARGAN. – Oui. Venez çà. Avancez là. Tournez-vous. Levez les yeux. Regardez-moi. Eh !

LOUISON. – Quoi, mon papa ?

Molière, *Le Malade imaginaire*, II, 8, 1673.

La phrase en gras est de type ....

Je rédige bien les phrases interrogatives

24 ** Choisissez le déterminant interrogatif qui convient : *quel • quelle • quels • quelles.*

a. À .... heure part ton train ?

b. .... chemin faut-il prendre ?

c. .... journaux lisent-ils ?

d. .... consoles préfère-t-il ?

25 ** Complétez chaque phrase interrogative avec le pronom qui convient.

a. Savez-.......... quand commence la braderie de Lille ?

b. Ce tableau est-.......... de Vincent Van Gogh ?

c. Combien les crevettes grises coûtent-.......... ?

d. Pourquoi ce film vous plaît-.......... ?

e. Quand la vidéo se termine-t-.......... ?

Je distingue forme affirmative et forme négative

26 * Soulignez les phrases à la forme négative.

a. Mes parents partent demain.

b. Tu ne remarques rien ?

c. Ne prenez pas tout à cœur !

d. Elle sera fière de nous.

27 ** Mettez ces phrases à la forme négative.

a. Nous irons faire de la luge.

→ ....

b. Vous prendrez de la soupe.

→ ....

c. Va chercher ton blouson.

→ ....

28 ** **Écrivez ces phrases à la forme affirmative.**

a. Ce magasin n'est jamais fermé !

→ ....

b. Il ne rentre pas tout de suite.

→ ....

c. Mes frères ne sont pas sérieux.

→ ....

d. Les vacances ne sont pas encore finies.

→ ....

29 *** **Complétez avec des mots de négation qui conviennent.**

.... n'indiquait que quelqu'un les ait captés. .... signal ne leur parvint en retour. [...] Au pied des rochers, la mer était agitée par une très forte houle. On .... voyait .... de bateau à l'horizon.

A. Christie, *Ils étaient dix*, © Hachette, 2020.

Je distingue forme active et forme passive

30 ** **Soulignez les verbes à la forme active. Entourez le verbe à la voix passive.**

Lorsque la passerelle d'embarquement avait été tirée à terre et que l'eau du fleuve avait bouillonné sous l'hélice, les cris avaient redoublé et étaient devenus assourdissants.

J. London, « Une mission de confiance » (1908), *Nouvelles du Grand Nord*, © Nathan, 2014.

31 ** **Transformez ces phrases à la forme passive.**

a. La presse publiera les résultats.

→ ....

b. L'arbitre siffle la fin du match.

→ ....

c. La scène finale du film l'a déçu.

→ ....

d. Le président a félicité les athlètes.

→ ....

....

À l'écrit

32 ** **Écriture • Imaginez la suite de cette conversation entre une mère et son enfant. Vous emploierez les quatre types de phrase à la forme affirmative et à la forme négative.**

– On y retourne, a dit ma mère.

– Où ça ?

– Eh bien... À l'école !

– Non.

Anna Gavalda, *35 Kilos d'espoir*, © Bayard, 2012.

33 ** **Réécriture • Soulignez les phrases de forme affirmative. Puis réécrivez la phrase de forme négative à la forme affirmative.**

Surpris, Crin-Blanc se cabra d'un seul coup et fit un écart. Il n'entendait plus la voix de son ami. C'était un cheval sauvage dont le sang s'affolait parce qu'on essayait de le monter.

René Guillot, *Crin-Blanc*, 1954, © Le Livre de Poche Jeunesse, 2001.

....

....

34 *** **Dictée • Écrivez la dictée lue par votre enseignant-e.**

....

....

....

....

....

....

....

....

Michel Tournier, *Vendredi ou la vie sauvage*, © Gallimard, 1971.

À l'oral

35 * **Connaissez-vous le jeu du « Ni oui, ni non » ? Posez des questions à un camarade en formulant bien vos phrases interrogatives. Ce dernier doit vous répondre sans utiliser ni *oui*, ni *non*. À lui d'employer d'autres adverbes de négation !**

41

Les fonctions au sein du groupe nominal

Réviser la fonction épithète

La fonction **épithète** est le plus souvent occupée par :
- un ou plusieurs adjectifs qualificatifs ;
- un participe passé employé comme adjectif.

L'**épithète** est placée à côté du <u>nom</u> dont elle précise le sens. Elle fait partie du groupe nominal. Elle s'accorde en genre et en nombre avec le nom.

Exemples les **petits** <u>meurtres</u> d'Agatha Christie
un <u>village</u> **français**

L'épithète
- un adjectif qualificatif, un participe passé
- placée à côté du nom
- accord avec le nom, en genre et en nombre

1 * Entourez les GN et soulignez les adjectifs qualificatifs épithètes.

a. Ils habitaient une maison charmante, avec un immense jardin.

b. Un généreux donateur a financé la construction de la nouvelle piste de karting.

c. Les enfants ouvrirent leurs nombreux cadeaux.

d. Les outils informatiques sont devenus indispensables.

2 ** Retrouvez la signification de l'adjectif qualificatif épithète dans chaque groupe nominal.

a. un curieux personnage •	• original
un personnage curieux •	• qui fait preuve de curiosité
b. son ancienne voiture •	• vieille
sa voiture ancienne •	• celle possédée avant

3 ** Accordez chaque épithète.

a. une personne seul..........

b. cette fabuleu.......... aventure

c. ses joli.......... lunettes carré..........

d. l'heureu.......... et surprenant.......... nouvelle

4 * Réécriture • Réécrivez le texte en plaçant chaque adjectif de la liste à l'endroit qui convient. Puis complétez chaque nom en gras avec une épithète de votre choix.**

beau • joyeux • merveilleuse • périlleuse

Lorsque Dieu fit revenir le * temps, les **oiseaux** se rassemblèrent sur le **pin** et chantèrent leur joie * au-dessus de la fontaine *. Mais leur concert * fut interrompu par le **fracas** d'un **cheval** qui arrivait au galop.

D'après **Anne-Marie Cadot-Colin**, *Yvain ou le Chevalier au lion*,
© Le Livre de Poche Jeunesse, 2008.

....

....

....

....

Réviser le complément du nom

La fonction **complément du nom** (CDN) est occupée par un groupe prépositionnel, composé d'une préposition (*à, de, en, pour, sans*...) et d'un nom (propre ou commun) (1), d'un GN (2), d'un pronom (3), d'un verbe à l'infinitif (4), ou d'un adverbe (5).
Le CDN apporte des informations, des précisions sur le nom qui le précède. C'est une expansion du nom noyau.

Exemples la veste **de Paul** (1), la veste **en cuir** (1), un stick **pour les lèvres** (2), une lettre **de toi** (3), les choses **à faire** (4), les histoires **d'autrefois** (5)

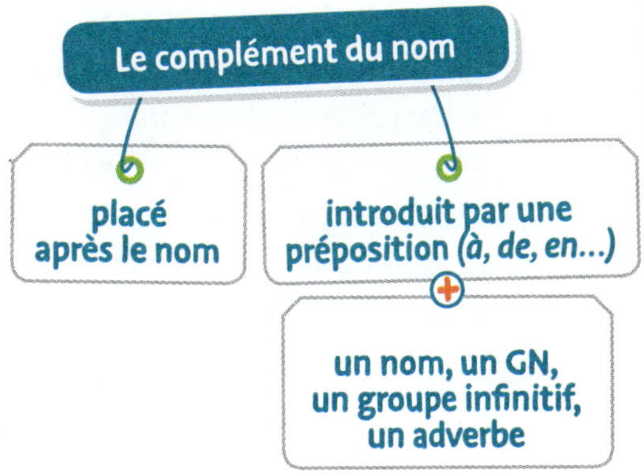

5 * **Les éléments soulignés sont-ils complément du nom ?**

	OUI	NON
a. Je reviens <u>de la gare</u>.	○	○
b. Le restaurant <u>de la gare</u> est agréable.	○	○
c. Prends-tu du café <u>sans sucre</u> ?	○	○
d. <u>Sans lui</u>, nous nous serions perdus !	○	○
e. Mon stylo <u>à bille</u> fuit !	○	○
f. Le chat fuit <u>à son arrivée</u>.	○	○

6 * **Complétez chaque groupe nominal avec la préposition qui convient : attention, vous ne pouvez pas utiliser deux fois la même !**

a. un paquet .... pâtes
b. un matelas .... ressorts
c. un jeu .... enfants
d. un accident .... gravité
e. un voyage .... avion
f. une vue .... mer

7 ** **Complétez chaque GN avec un complément du nom qui convient.**

a. des patins ....
b. un régime ....
c. un mot ....
d. l'île ....

8 ** **Remplacez les adjectifs épithètes par un complément du nom de même sens.**

a. le lait maternel → le lait ....
b. l'air marin → l'air ....
c. une lettre anonyme → une lettre ....
d. un dessert sucré → un dessert ....

9 *** **Soulignez les compléments du nom et entourez les noms qu'ils complètent. Le GN en gras est-il un complément du nom ? Justifiez.**

Non, non et non ! Il n'est pas question de jouer la suite de votre « Godzitor », a dit la maîtresse **du bout des lèvres**. La fête de l'école approche, j'aimerais que, pour une fois, nous préparions un spectacle de qualité !

Sophie Dieuaide, *Oedipe schlac schlac !*, © Éditions Casterman, 2010.

43

Les fonctions au sein du groupe nominal

Repérer la proposition subordonnée relative

La **proposition subordonnée relative** (PSR) permet d'apporter des informations sur un nom ou sur un pronom.

C'est une **expansion du nom** : elle dépend d'un nom ou d'un pronom, l'**antécédent**, qui appartient à la proposition principale.

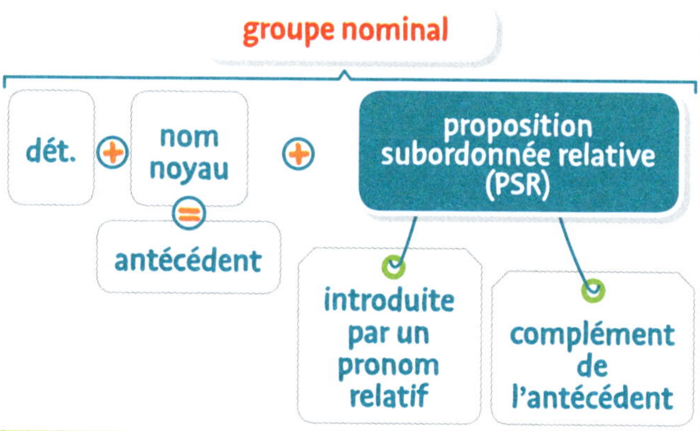

Exemple

As-tu fait l'exercice [**que** le professeur a donné] ?
antécédent **pr. relatif** [PSR]

10 ★ **Cochez les phrases qui contiennent une proposition subordonnée relative.**

a. ◯ La légende que tu racontes me fascine.
b. ◯ Je crois qu'il raconte des histoires !
c. ◯ Pierre qui roule n'amasse pas mousse.
d. ◯ Qui a pris rendez-vous chez le dentiste ?

11 ★ **Complétez ces phrases avec un groupe nominal de votre choix.**

a. .... que nous avons testées sont toutes succulentes !
b. Il faut que tu changes .... qui se trouve sur ton carnet de correspondance.
c. .... où nous sommes inscrits propose du chinois en option.

12 ★★ **Mettez la proposition subordonnée relative en évidence par des crochets.**

a. As-tu regardé le film dont je t'ai parlé la semaine dernière ?
b. Le match qu'ils ont perdu entraînera des changements dans l'équipe.

13 ★★ **Entourez la proposition subordonnée relative. Puis soulignez son antécédent.**

a. Vous souvenez-vous de cette chanson qui commençait par « Oh la la la vie...» ?
b. Le document que tu souhaitais lire t'a été envoyé hier.
c. La gentillesse dont il a fait preuve nous a beaucoup touchées.
d. La chambre où Malou dort se trouve au 1re étage ; celle que tu occupes est au rez-de-chaussée.

14 ★★★ **Entourez les trois propositions subordonnées relatives et soulignez leur antécédent.**

Voussard, qui se passait de tabac et de café, prenait l'air à deux pas de son étude, sur un des deux bancs de pierre qui doivent flanquer encore la maison de Mme Lachassagne. Il y revenait vers quatre heures, à l'heure où le reste du village goûtait. »

Colette, « Ybanez est mort », *La Maison de Claudine*, 1922.

44 Les fonctions au sein du groupe nominal

Employer la proposition subordonnée relative

La **proposition subordonnée relative** (PSR) sert à préciser le nom noyau du groupe nominal. Elle est introduite par un **pronom relatif** : *qui, que, quoi, dont, où, lequel* et ses composés (voir leçon 19).
Il ne faut pas oublier que :
→ le verbe de la PSR s'accorde en personne avec ***qui*** sujet, représentant son antécédent ;
→ le participe passé employé avec *avoir* s'accorde avec ***que*** COD, représentant son antécédent.

Exemples Regarde <u>les oiseaux</u> [qui suiv**ent**] le bateau.
<u>Les oiseaux</u> [que tu as vu**s**] sont des mouettes.

Quand on emploie une proposition subordonnée relative
- avec ***qui*** ou ***que*** l'accord du verbe dépend de l'antécédent
- avec ***quoi***, ***dont*** et ***où*** l'accord du verbe ne dépend pas de l'antécédent

15 * **Entourez chaque pronom relatif et soulignez son antécédent.**

a. C'est un film qui avant me faisait peur.
b. Le cinéma que nous fréquentions a fermé.
c. On a repeint l'école où elle travaille.
d. Elle surveille les enfants qui jouent dehors.
e. Les enfants dont tu t'occupes sont sages.
f. La solution qu'il propose est originale.

16 ** **Soulignez le pronom relatif qui convient.**

a. Ils sont heureux de la note *dont / qu'*ils ont obtenue.
b. Elle nous raconte les vacances *dont / qu'*elle rêve.
c. Nous parlons d'un sujet *dont / que* personne n'ose aborder aujourd'hui.
d. Vous abordez un sujet *dont / que* personne ne veut parler aujourd'hui.

17 ** **Accordez les formes verbales comme il convient.**

a. Les voitures qui fonctionn.............. sans chauffeur existent déjà.
b. Les peintures que l'on a découvert........... dans le Lot datent de la Préhistoire.
c. Nous retournerons dans la région que nous avons visité.......... cet été.
d. Le mal qui te fai......... souffrir est la nostalgie !

18 *** **Mettez les verbes entre parenthèses aux temps indiqués.**

À l'époque dont je .... *(parler, présent)*, il y avait un grand nombre de communes en France qui n'...................... *(avoir, imparfait)* pas d'écoles, et parmi celles qui .... *(exister, imparfait)*, il s'en trouvait qui .... *(être, imparfait)* dirigées par des maîtres qui ne .... *(donner, imparfait)* aucun enseignement aux enfants qu'on leur .... *(confier, imparfait)*.

D'après **Hector Malot**, *Sans famille*, 1878.

Bilan Les fonctions au sein du groupe nominal

Fiches 41 à 44
- Réviser la fonction épithète
- Réviser le complément du nom
- Repérer et employer la proposition subordonnée relative

Je révise la fonction épithète

19 * Les mots en gras sont-ils épithètes ?

	OUI	NON
a. Ce portefeuille est en cuir **véritable**.	○	○
b. Le petit-déjeuner était très **copieux**.	○	○
c. As-tu besoin de cette **solide** valise ?	○	○
d. L'air **conditionné** ne fonctionne pas.	○	○

20 ** Complétez ces expressions avec l'épithète de la liste qui convient.
acquis • bon • échaudé • froid • grand (2) • mauvais
Attention aux accords !

a. Aux .... maux, les .... remèdes.

b. L'argent est un .... serviteur et un .... maître.

c. Bien mal .... ne profite jamais.

d. Chat .... craint l'eau ....

21 * Accordez correctement les épithètes.**

La Kama s'ouvrait largement alors, et ses rives bois.................. étaient charmantes. Quelques voiles blanc.......... animaient ses bel........ eaux, tout imprégné....... de rayons solair............. Les coteaux, planté.......... de trembles, d'aunes et parfois de grand......... chênes, fermaient l'horizon par une ligne harmonieu.........., que l'éclatant........ lumière de midi confondait en certains points avec le fond du ciel.

Jules Verne, *Michel Strogoff*, © Le Livre de Poche Jeunesse, 2008.

Je révise le complément du nom

22 * Associez chaque adjectif épithète au complément du nom qui lui correspond.

des touristes aoûtiens •	• du Moyen-Âge
des loisirs estivaux •	• d'été
un vaisseau spatial •	• de l'espace
une œuvre médiévale •	• du mois d'août

23 * Complétez le texte avec les prépositions qui conviennent.

Le plus grand menteur .... la planète est présent à son domicile. Pour prendre un peu .... repos bien gagné, l'animal s'est retiré dans la chambre .... fond .... sa tanière.

Le Roman de Renart, vers 1174.

24 ** Ajoutez les compléments du nom qui conviennent.

a. la chambre ....

b. un yaourt ....

c. un film ....

d. le bureau ....

25 * Soulignez les compléments du nom et entourez les noms qu'ils complètent. Le GN est gras est-il un complément du nom ? Expliquez votre réponse.**

Au sommet de la tente, un aigle d'or dominait. Il était, comme les cordes et les piquets de la tente, **d'une valeur inestimable**.

Marie de France, « Lanval », *Lais*, vers 1160-1178.

....

....

....

J'utilise la subordonnée relative

26 * Complétez les propositions en gras par le pronom relatif qui convient.

a. Le ciel .... **est devenu gris d'un coup** annonce l'orage.

b. Le restaurant .... **j'ai mes habitudes** propose des menus bon marché.

c. Le documentaire .... **tu regardes** a obtenu de nombreux prix !

27 * Complétez chaque phrase avec une proposition subordonnée relative.

a. Est-ce bien la rue qui .... ?

b. C'est là que se trouve le magasin dont ....

....

c. Non, je t'avais parlé de celui où ....

....

28 ** À partir des deux phrases, écrivez une phrase contenant une proposition subordonnée relative.

a. Le voisin est vétérinaire. Il soigne notre chat.

→ ....

b. L'exposition a lieu à Arles. Tu verras cette photographie à Arles. → ....

....

c. Ce livre est très rare. Tu feuillettes ce livre avec des gants. → ....

....

29 * L'auteur a enrichi le GN** « une longue histoire » **en ajoutant des PSR les unes dans les autres. Saurez-vous les repérer ? Soulignez chaque PSR d'une couleur différente.**

C'était **une longue histoire** qui se passait dans un pays inconnu où il y avait des monuments aux toits pointus, des dragons et des animaux qui savaient parler comme les hommes.

J.-M. G. Le Clézio, « Mondo », *Mondo et trois autres histoires*, © Gallimard, 1978.

À l'écrit

30 ** Écriture • Décrivez la couverture de ce cahier. Vous emploierez plusieurs épithètes, une apposition et deux propositions subordonnées relatives.

31 ** Réécriture • Réécrivez ce texte en remplaçant tout le passage en gras par « une moniale ». **Pensez aux accords.**

Dans l'abbaye il y avait alors **un moine cloîtré, nommé Frère Jean des Entommeures**, jeune, vigoureux, gaillard, joyeux, bien adroit, hardi, entreprenant, décidé, grand, maigre […].

Rabelais, *Gargantua*, © C&C n°67, Magnard, 2005.

....

....

....

....

....

32 ** Dictée • Écrivez la dictée lue par votre enseignant-e.

....

....

....

....

....

....

....

....

....

....

Victor Hugo, *Les Misérables*, 1862.

À l'oral

33 ** Commencez une phrase et arrêtez-la après un pronom relatif. Une autre personne doit redire et compléter la phrase. Inversez ensuite les rôles.

*Ex : 1. Je prépare un dessert **que**…*

2. Je prépare un dessert que tu vas adorer.

45 Le sujet

Repérer le sujet dans une phrase

Le sujet commande l'accord du verbe en personne et en nombre.
Le plus souvent, le sujet est placé **avant le verbe**.

Exemple **Sylvain** marche vite.

Pour repérer le sujet, on peut :
→ poser la question « qui/qu'est ce qui... ? » devant le verbe
→ l'encadrer par « c'est... qui »

Exemples **Qui est-ce qui** marche vite ?
C'est Sylvain **qui** marche vite.

Le sujet
- commande l'accord du verbe
- est placé le plus souvent devant le verbe
- répond à la question *Qui/Qu'est-ce qui... ?*

1 * Soulignez les sujets dans ces phrases.

a. Thomas prend son parapluie.
b. Nos amis viennent en vacances avec nous.
c. Le petit cours d'eau est en crue.
d. Je crois que je vais adopter un chien.

2 ** Reconstituez les phrases en associant chaque sujet à son verbe.

a. Regarder la télévision •
b. Ma sœur et son amie •
c. Lisa, tu •
d. Des voisins •

• sont parties déjeuner.
• ne demande pas beaucoup d'effort !
• sont passés pour se présenter.
• n'oublieras pas d'aller chercher le courrier.

3 ** Complétez chaque phrase avec un sujet qui convient.

a. .... joues sans cesse aux jeux vidéo.
b. .... se déguste bien chaude.
c. .... ferment à 18 heures.
d. Que .... avez de grandes dents !

4 ** Entourez le sujet de chaque verbe en gras.

Longtemps, je **me suis couché** de bonne heure. Parfois, à peine ma bougie éteinte, mes yeux **se fermaient** si vite que je n'**avais** pas le temps de me dire : « je **m'endors**. »

Marcel Proust, *Du côté de chez Swann*, 1913.

5 * Soulignez les verbes conjugués, puis entourez leur sujet.**

La lune donnait toute sa clarté et les petites pierres devant la maison reluisaient comme des pièces d'argent. Hansel se baissa, en bourra ses poches tant qu'elles purent en contenir, puis il rentra.

J. et W. Grimm, *Hansel et Gretel*, trad A. Guerne, © Flammarion, 1969.

46 Le sujet

Repérer les sujets inversés

On appelle **sujet inversé**, un sujet **placé après le verbe** dont il commande l'accord.

Cette **inversion du sujet** concerne :
- les phrases interrogatives ;
- les propositions incises dans un dialogue ;
- les phrases introduites par un complément.

Exemples À quelle heure sont **les cours de SVT** ?
Sur la mer calme naviguent **les voiliers**.

Sujet inversé
- **dans des phrases interrogatives** — Quand reviens-tu ?
- **dans des phrases introduites par un complément** — Dans les bois vit la sorcière.

6 * **Soulignez les sujets dans ces phrases.**

a. Quel jour arrive-t-elle ?
b. En haut de la vallée tournoient des rapaces.
c. Où seront installées ces affiches ?
d. Avons-nous son adresse mail ?
e. De ce trou surgissent des souris.
f. Rapidement vint la pluie.

7 ** **Dans ces phrases, le sujet est-il inversé ?**

	OUI	NON
a. As-tu perdu ton sens de l'humour ?	○	○
b. Demain ils seront déjà loin.	○	○
c. Anne, ma sœur Anne, ne vois-tu rien venir ?	○	○
d. Demain seront proclamés les résultats.	○	○
e. Le présentateur a annoncé les gagnants.	○	○

8 ** **Soulignez les sujets inversés.**

« Je n'ai pas été engagé pour tuer des dragons mais pour voler un trésor ! Espériez-vous me voir revenir avec toutes les richesses de Thror sur le dos ? déclara Bilbo. […]

– Que devons-nous faire ? demanda poliment Thorïn.

– Eh bien, peut-être avant peu pourrons-nous aller nous approvisionner à la réserve près de la rivière, expliqua Bilbo. »

J. R. R. Tolkien, *Bilbo le Hobbit*, trad. F. Ledoux, © Le Livre de Poche Jeunesse, 2014.

9 ** **Soulignez les sujets inversés. À l'oral, expliquez chaque inversion.**

Sous le pont Mirabeau coule la Seine
Et nos amours
Faut-il qu'il m'en souvienne
La joie venait toujours après la peine

Vienne la nuit sonne l'heure
Les jours s'en vont je demeure

Guillaume Apollinaire, « Le pont Mirabeau », *Alcools*, 1913.

47 Le sujet

Accorder le verbe avec plusieurs sujets

Si le sujet se compose de plusieurs noms au singulier, **l'accord** se fait au pluriel.

Exemple **La fraise et la cerise** sont des fruits rouges.

Le sujet d'un verbe conjugué peut parfois combiner plusieurs personnes. Dans ce cas :

→ la 1re personne l'emporte sur la 2e et la 3e ;

Exemples **Toi et moi** (= nous) sommes heureux.
Ton frère et moi (= nous) irons au cinéma.

→ la 2e personne l'emporte sur la 3e.

Exemples **Lui et toi** (= vous) partez à l'heure.
Les voisins et vous (= vous) serez invités.

L'accord du verbe avec plusieurs sujets

- plusieurs sujets au singulier
  - accord du verbe au pluriel
- plusieurs personnes dans le sujet
  - 3e + 2^{e} + 1re → accord du verbe à la 1re personne
  - 3e + 2^{e} → accord du verbe à la 2e personne

10 * **Entourez le sujet. Soulignez la forme verbale qui convient.**

a. Pierre et Liliane *a / ont* joué ensemble.

b. Tous les enfants et tous les animateurs *participe / participent* à la sortie.

c. Toi et moi *serons / serez* les premiers arrivés.

d. Les délégués de classe et vous *sont / êtes* attendus en salle de réunion.

11 ** **Complétez chaque phrase avec un verbe de la liste :** *aurez* • *changerons* • *changeront* • *obtiendrons*.

a. Ce soir, mes parents et moi .... de tenue pour sortir.

b. Quand ta sœur et toi ....-vous le temps de passer nous rendre visite ?

c. Le garagiste, le mécanicien et son apprenti .... les pneus avant de ma voiture.

d. Mon camarade et moi .... une note excellente à notre exposé sur les cyclones !

12 ** **Indiquez par quel pronom personnel sujet ces GN peuvent être remplacés.**

des pommes, des poires et des salades (......................) • mon cousin et moi (......................) • les autres et vous (..................) • ma petite sœur Alice et son amie (..................) • chaque joueur et chaque remplaçant (.............)

13 *** **Soulignez le sujet des verbes en gras, puis réécrivez le 1er vers en remplaçant le GN sujet par le pronom personnel sujet correspondant.**

La Génisse, la Chèvre, et leur sœur la Brebis,
Avec un fier Lion, Seigneur du voisinage,
Firent société, dit-on, au temps jadis,
Et **mirent** en commun le gain et le dommage.

....

Jean de La Fontaine, « La Génisse, la Chèvre et la Brebis, en société avec le Lion », *Fables*, Livre I, 6, 1668.

Le sujet

Varier les reprises nominales

Dans un texte, pour éviter les répétitions et apporter des informations supplémentaires, **le sujet peut être repris par un nom ou un GN**.

Cette **reprise nominale** peut être :

- un GN synonyme (1)
- un GN enrichi d'épithètes (2), d'un complément du nom ou d'une proposition subordonnée relative (3).

Quand la reprise nominale est d'un genre différent que le GN qu'elle reprend, il faut faire attention à l'accord de l'attribut du sujet ou du participe passé (4).

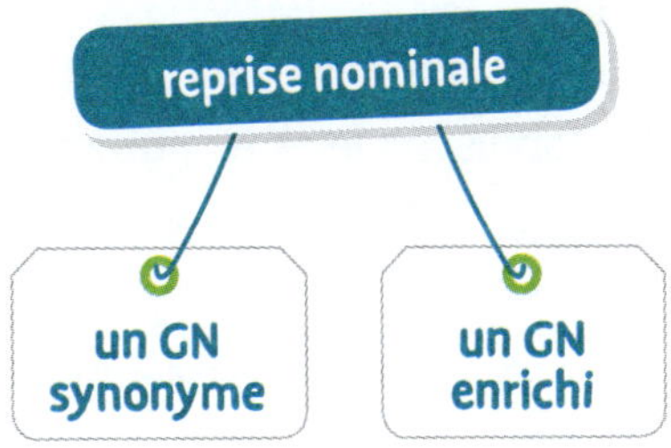

Exemples <u>**L'enfant**</u> est attentif.

1. **Le bambin** est attentif.
2. **Le cher petit ange** est attentif.
3. **Cet enfant dont nous sommes les parents** est attentif.
4. **La jeune génération** est attenti<u>ve</u>.

14 ** Associez chaque sujet avec la reprise nominale qui convient.

a. Marco Polo et son père partirent de Venise pour la Chine. •
b. La groseille se mange souvent en gelée. •
c. Jules Verne vécut au XIXe siècle. •
d. Louis XIV aimait les fables de La Fontaine. •

• L'auteur de *Vingt mille lieues sous les mers*
• Les voyageurs italiens
• Le Roi-Soleil
• Ce fruit rouge acidulé

15 ** Complétez ces phrases avec une reprise nominale. Attention aux accords.

a. Cette gazelle est née en captivité. → .... est bien soigné.

b. Le spectacle était annoncé complet. → .... a été applaudie.

c. Les fourmis sont envahissantes cet été. → .... colonisent les placards.

16 * Entourez les reprises nominales qui désignent le personnage souligné.**

Il l'aborda très courtoisement :

– Qui êtes-vous, <u>seigneur</u> ? reprit Galehaut.

– Je suis un chevalier, comme vous pouvez le voir, répondit Lancelot.

– Oui, je le sais, et je sais même que vous êtes le meilleur chevalier qui soit. Vous êtes l'homme au monde que je voudrais le plus honorer. Aussi, je vous prie de bien vouloir être mon hôte cette nuit.

Anne-Marie Cadot-Colin, *Lancelot du Lac*,
© Le Livre de Poche Jeunesse, 2008.

Bilan Le sujet

Fiches 45 à 48
- Repérer le sujet dans une phrase
- Repérer les sujets inversés
- Accorder le verbe avec plusieurs sujets
- Varier les reprises nominales

Je repère le sujet dans une phrase

17 * **Entourez les verbes et soulignez leur sujet.**

a. Vous deux êtes mes meilleurs amis.

b. Depuis ma fenêtre, j'observe les oiseaux.

c. Après le film, tous les enfants iront se coucher.

d. Par quel chemin passera-t-elle ?

18 ** **Complétez les phrases avec le sujet qui convient :** *ces journalistes • ma sœur et moi • la boutique • cette fuite.*

a. Cet été, ... soldera les parapluies.

b. .... choisissons la même boisson.

c. .... a inondé le sous-sol.

d. .... enquêtent sur un sujet délicat.

19 ** **Soulignez les 3 sujets. Indiquez leur nature grammaticale.**

Les grands appartements semblaient trop étroits pour sa démarche et il mourait de peur que ses larges épaules n'entrent en collision avec l'encadrement des portes ou avec les bibelots des étagères.

Jack London, *Martin Eden*,
© Librairie Hachette, 2016.

1 : .... 2 : .... 3 : ....

20 ** **Complétez avec un sujet qui convient.**

a. Comment avez-.................................... su la vérité ?

b. Sous les grands baobabs se pavanent

....

c. Où se trouvent .... ?

d. Derrière les buissons se cache ....

....

21 *** **Soulignez le verbe et entourez le sujet.**

Dans une Ménagerie
De volatiles remplie,
Vivaient le Cygne et l'Oison […].

Jean de La Fontaine, « Le Cygne et le Cuisinier », *Fables*, 1668.

22 *** **Soulignez chaque verbe et entourez son sujet.**

Au moment où Arsène Lupin, son repas achevé, tirait de sa poche un beau cigare bagué d'or et l'examinait avec complaisance, la porte de la cellule s'ouvrit. […]

« Je t'attendais, mon cher ami, s'écria Lupin, toujours de bonne humeur. »

Maurice Leblanc, *L'Évasion d'Arsène Lupin*, 1906.

J'accorde le verbe avec plusieurs sujets

23 ** **Remplacez les sujets par le pronom personnel qui convient.**

a. Eux et moi (......................) avons faim.

b. Ta camarade et toi (......................) distribuerez les feuilles.

c. Son oncle et moi (......................) prenons le bus de 7 h 24.

d. Julie, Roxane et toi (......................) formez une drôle d'équipe !

24 ** **Complétez avec le verbe qui convient :** *allais • allait • allaient.* **Soulignez le sujet.**

Au fond d'un antre sauvage,
Un satyre et ses enfants
.... manger leur potage
Et prendre l'écuelle aux dents.

Jean de La Fontaine, « Le Satyre et le Passant », *Fables*, 1668.

Je varie les reprises nominales

25 ★★ Complétez ces phrases avec une reprise nominale. Attention aux accords.

a. Cette voiture neuve a été vendue.

→ .... est très performant.

b. La glace n'est pas trop sucrée.

→ .... est rafraîchissant.

c. Les figues fraîches sont délicieuses.

→ .... sont parfumés.

26 ★★ Inventez une reprise nominale pour remplacer le sujet.

a. Tintin et Milou sont connus dans le monde entier. → ....

....

b. Paul est assis à côté de moi.

→ ....

....

c. Le plus célèbre monument de Paris mesure plus de 300 mètres de haut. → ....

....

....

27 ★★★ Soulignez les deux reprises nominales utilisées pour le mot « lion ». **Choisissez une autre reprise nominale pour désigner le lion.**

Le lion dort, seul sous sa voûte.
Il dort de ce puissant sommeil
De la sieste, auquel s'ajoute,
Comme un poids sombre, le soleil.

Les déserts, qui de loin écoutent,
Respirent ; le maître est rentré.
Car les solitudes redoutent
Ce promeneur démesuré.

Victor Hugo, « La Méridienne du lion »,
Chansons des rues et des bois, 1865.

Le lion → ....

....

....

À l'écrit

28 ★★ Écriture • Vous préparez l'élection des délégués de classe et interrogez les candidats. Rédigez trois questions à leur poser. Pensez à inverser le sujet.

29 ★★★ Réécriture • Réécrivez cette strophe en mettant chaque sujet au singulier.

Les fleurs des eaux **referment** leurs corolles ;
Des peupliers **profilent** aux lointains,
Droits et serrés, leurs spectres incertains ;
Vers les buissons **errent** les lucioles ;

Paul Verlaine, « L'Heure du berger »,
Poèmes saturniens, 1866.

....

....

....

....

....

30 ★★★ Dictée • Écrivez la dictée lue par votre enseignant-e. Noms donnés : Rhône, Phocéens, Nannus.

....

....

....

....

....

....

....

....

....

....

D'après **Justin**, *Histoire universelle*,
Livre XLIII, 3, 6-12.

À l'oral

31 ★★ Trouvez des sujets pour chacun de ces verbes, puis imaginez des phrases. Utilisez à chaque fois un sujet placé avant le verbe, puis un sujet placé après le verbe.

volent • *achetez* • *participeront* • *faisons*

Identifier l'attribut du sujet

L'**attribut du sujet** est une **fonction** qui indique une caractéristique, une qualité du sujet.
C'est un **complément essentiel** du verbe : il ne peut être ni supprimé ni déplacé.
La fonction attribut du sujet peut être occupée par un adjectif, un participe passé employé comme adjectif, un GN, un groupe prépositionnel, un pronom, un infinitif.

Exemples Ces vitraux sont **magnifiques**.
Ces vitraux sont **d'une beauté remarquable**.

L'attribut du sujet est relié au sujet par un **verbe d'état** (voir leçon 23) : *être, demeurer, devenir, paraître, rester, sembler*, et tout verbe que l'on peut remplacer par le verbe *être*.

Exemple Il **devient** maire en 2020. = Il **est** maire. → Il = maire

1 * **Entourez le verbe *être* et soulignez l'attribut du sujet.**

a. Tu n'es pas mon vassal, je ne suis pas ton seigneur.

b. L'empereur est joyeux ; il est en belle humeur.

c. Grand est le butin qu'ont fait ses chevaliers, or, argent, précieuses armures.

Phrases extraites de *La Chanson de Roland*, coll. « Classiques et Patrimoine », © Magnard, 2013.

2 ** **Complétez les phrases avec un attribut du sujet selon les indications données.**

a. *Adjectif qualificatif* → Comme la fourmi de la fable, elle n'est pas ....

b. *Participe passé employé comme adjectif* → Leur conversation nous a semblé ....

c. *GN* → Dans les *Fables* de La Fontaine, les courtisans deviennent ....

d. *GN* → Au XVIe siècle, les habitants des Caraïbes que rencontrent les Européens sont considérés comme ....

3 *** **Lisez ce texte, repérez les verbes attributifs et complétez le tableau.**

Quand Huigu était tout enfant, son père mourut. Sa mère n'ayant pas d'autres enfants, elle se retrouva sans frère ni sœur. [...] Comme elle arrivait à couper une grosse quantité de bois, leur vie devint paisible et décente.

D'après **Michelle Arade**, *Barbe de soie*, © Julliard, 1972.

Sujet	Verbe attributif	Attribut du sujet
....	....	....
....	....	....
....	....	....

50 Les compléments liés au verbe

Varier les formes verbales suivies d'un attribut du sujet

Le **verbe être** est le plus utilisé des verbes attributifs. Pour éviter sa répétition, on peut choisir :

→ parmi les autres **verbes d'état** pour préciser :
- l'apparence : *paraître, sembler…*
- la permanence ou la transformation : *demeurer, rester, devenir…*

→ parmi certains **verbes d'action** : *naître, tomber, vivre, partir…*

Exemples Il **est** amoureux.
Il **devient** amoureux.
Il **tombe** amoureux.

sujet + verbe d'état (*être, paraître, sembler…*) OU certains verbes d'action + attribut du sujet

4 * Soulignez les verbes suivis d'un attribut du sujet.

a. Ne sois pas triste ; la vie est belle !

b. Il a vécu seul sur mer durant 42 jours.

c. Avant que tu n'arrives, cet élève passait pour le meilleur du collège.

d. L'affaire devint plus difficile pour l'inspecteur.

5 ** Complétez les phrases à l'aide d'un verbe attributif autre que le verbe *être*.

a. Tony et Farah .... délégués de classe.

b. Nous .... enthousiastes à l'approche des vacances.

c. Ne .... pas immobiles ; vous allez prendre froid !

6 * Réécriture • Réécrivez le texte en remplaçant chaque verbe en gras par un autre verbe attributif.**

Booz **était** bon maître et fidèle parent ;
Il **était** généreux, quoiqu'il **fût** économe ;
Les femmes regardaient Booz plus qu'un jeune homme,
Car le jeune homme **est** beau, mais le vieillard **est** grand.

Victor Hugo, « Booz endormi », *La Légende des siècles*, 1859.

....

....

....

....

....

51

Les compléments liés au verbe

Distinguer compléments d'objet directs et indirects du verbe

Les **compléments d'objet directs** (COD) et **indirects** (COI) sont des compléments du verbe : ils ne peuvent être ni supprimés ni déplacés sans que le sens de la phrase soit changé.

Ces compléments désignent l'objet sur lequel le sujet exerce son action et complètent un **verbe transitif** :
- **direct**ement ;
- **indirect**ement : ils sont reliés au verbe par une préposition, le plus souvent *à* ou *de*.

Exemples Tu cherches **les indices.**
(COD du verbe *chercher*)

Tu renonces **à trouver le moindre indice.**
(COI du verbe *renoncer*)

Pour repérer un complément d'objet

- **direct (COD)** → Je pose la question : *qui est-ce que ?* ou *qu'est-ce que ?*
- **indirect (COI)** → Je pose la question : *à qui ? de qui ? à quoi ?* ou *de quoi ?*

7 * **Soulignez les compléments d'objet directs du verbe.**

a. Monsieur Jourdain demande une leçon d'orthographe.

b. Robinson apprend « la vie sauvage ».

c. Pour résoudre l'affaire, Arsène Lupin offre tous les éléments.

8 ** **Placez les groupes soulignés dans la colonne qui convient.**

Ma belle-sœur a visité Marrakech. • Elle a changé d'avion. • Véronique répond à ses nombreux mails. • Elle dépose ses affaires à l'hôtel. • Sa secrétaire traduit les propos de leur collègue africain.

COD	COI

9 *** **À quel(s) personnage(s) renvoi(en)t les pronoms personnels compléments en gras ? Précisez leur fonction grammaticale.**

Alors ses deux sœurs [...] se jetèrent à ses pieds pour **lui** demander pardon de tous les mauvais traitements qu'elles **lui** avaient fait souffrir. Cendrillon **les** releva et leur dit, en **les** embrassant, qu'elle **leur** pardonnait de bon cœur [...]. On **la** mena chez le jeune prince, parée comme elle était, et, peu de jours après, il **l'**épousa.

Charles Perrault, « Cendrillon ou la petite Pantoufle de verre », 1697.

	Cendrillon	ses sœurs	COD	COI
lui	○	○	○	○
les	○	○	○	○
leur	○	○	○	○
la	○	○	○	○
l'	○	○	○	○

52

Les compléments liés au verbe

Repérer le complément d'agent

Dans une phrase à la forme passive, le **complément d'agent** correspond au sujet de la phrase active : il **accomplit l'action** exprimée par le verbe.

Il se place **après le verbe passif** auquel il est relié par la préposition ***par*** ou ***de***.

Exemples Cette lettre a été écrite **par un enfant**.
Il est apprécié **de tous ses camarades**.
Elle est entourée **d'amis**.

sujet + verbe à la voix passive + complément d'agent (*par*/*de* + GN)

phrase à la forme passive

10 * Soulignez le complément d'agent dans chaque phrase.

a. Les paroles du roi furent chaudement approuvées par la cour.

b. Les deux hommes étaient animés d'une haine mortelle.

c. Les courroies des écus avaient été tranchées par leurs épées.

d. Le garçon était enflammé d'un courroux ardent.

e. La veuve est accablée de douleur.

D'après **Chrétien de Troyes**, *Yvain ou le Chevalier au lion*.

11 ** Complétez les phrases avec un GN complément d'agent.

a. Les examens sont effectués avec la plus grande minutie par ....

b. Aucune trace d'effraction n'a été relevée par ....

c. La stagiaire est appréciée de ....

12 ** Les compléments soulignés sont-ils des compléments d'agent ?

	OUI	NON
a. La star est accueillie triomphalement par la clientèle du nouveau magasin.	○	○
b. Le vol a été annulé au dernier moment par la compagnie.	○	○
c. L'ascenseur a été arrêté par hasard.	○	○
d. Sa dernière déclaration sera certainement retransmise par tous les médias.	○	○
e. Les habitants de la ville, par ignorance, ne l'ont pas reconnue.	○	○

13 * Soulignez les compléments d'agent présents dans le texte.**

Mon compagnon était paralysé par l'horreur. […]
Nous demeurâmes pétrifiés. [McPherson] avait le dos couvert de lignes rouge foncé, comme s'il avait été flagellé à coups redoublés par un fouet de fil de cuivre fin.

Arthur Conan Doyle, « La crinière du lion », *Le Crime n'est jamais parfait*, trad. F. Maury, Y. André, © Flammarion, 2015.

Bilan Les compléments liés au verbe

Fiches 49 à 52
• Identifier l'attribut du sujet • Varier les formes verbales suivies d'un attribut du sujet • Distinguer compléments d'objet directs et indirects du verbe • Repérer le complément d'agent

J'identifie l'attribut du sujet

14 * Soulignez les attributs du sujet (AS).

a. « La loi est dure, mais c'est la loi. »

b. « Les hommes naissent et demeurent libres et égaux en droits. »

c. « Les bêtises d'un homme raisonnable paraissent toujours sans excuse. »

15 ** Indiquez la fonction des groupes soulignés.

	AS	COD
a. Les contes sont <u>universels</u>.	○	○
b. Les héros de conte paraissent <u>faibles</u>.	○	○
c. Cependant, ils montrent <u>leur valeur</u>.	○	○
d. Ils passent <u>des épreuves</u>.	○	○
e. Le merveilleux semble <u>invraisemblable</u>.	○	○

16 ** Indiquez la classe grammaticale de chaque attribut du sujet.

a. Elle est joyeuse. ....

b. Il est coiffeur. ....

c. On est nombreux. ....

d. Elle est convaincue. ....

17 * Soulignez les attributs du sujet.**

L'homme paraissait âgé de quarante ans, il était haut de taille, de figure noble et belle. Philéas Fogg était l'exactitude personnifiée. C'était le type achevé de ces Anglais à sang-froid qui se rencontrent assez fréquemment dans le Royaume-Uni. Il demeurait l'homme le moins hâté du monde, mais il arrivait toujours à temps.

D'après **Jules Verne**, *Le Tour du monde en 80 jours*, 1872

Je varie les verbes attributifs

18 * Entourez les verbes attributifs.

On m'a offert une tortue. Elle devient vieille et reste cachée dans le jardin. Sa carapace est rugueuse et bosselée. Ses griffes paraissent usées.

19 ** Complétez chaque phrase avec un verbe attributif, sans jamais utiliser *être*.

a. Ils .... fatigués.

b. Je .... seul dans la rue.

c. À ce sport, tu .... très habile.

d. Les chats persans .... dociles.

Je distingue COD et COI

20 * Indiquez la fonction des compléments du verbe *servir*.

	COD	COI
a. Qui sert <u>les cartes</u> en premier ?	○	○
b. Sa prestation servira <u>de modèle</u>.	○	○
c. Cet objet sert <u>à presser le papier</u>.	○	○
d. Julien sert <u>les boissons</u>.	○	○

21 ** Remplacez chaque pronom personnel souligné par un groupe nominal de votre choix.

a. Je <u>lui</u> donne cette bague.

→ ....

b. Le troubadour <u>les</u> raconte au public.

→ ....

....

c. La voyante <u>le</u> <u>lui</u> prédit.

→ ....

d. Peux-tu me <u>le</u> donner ?

→ ....

22 ** Remplacez chaque verbe transitif indirect par un verbe transitif direct.

a. Elle **tient** énormément à ses amis.

→ Elle .... énormément ses amis.

b. Je **pense** à mon livre préféré.

→ Je .... mon livre préféré.

c. Il **parle** de ce voyage.

→ Il .... ce voyage.

Je sais repérer le complément d'agent

23 * Soulignez les compléments d'agent.

a. L'information a été diffusée par les réseaux sociaux.

b. Les allées du parc sont bordées de platanes.

c. Tu fus réveillée par mon appel.

d. Les parents seront reçus par le professeur principal.

24 * Complétez avec le complément d'agent qui convient : *par les saisons • par le seigneur • de fleurs bleues.*

a. L'assiette est ornée ....

b. Certaines terres sont exploitées directement ....

c. Les travaux des paysans sont rythmés ....

25 * Soulignez les compléments d'agent. Selon vous, pourquoi l'auteur a-t-il choisi ici la forme passive ?**

Et pourtant, quand la porte se ferma derrière lui, [Oliver] fut assailli par une terrible bouffée de chagrin. Pour la première fois, son âme d'enfant fut submergée par la sensation qu'il était seul face au vaste monde.

Charles Dickens, *Oliver Twist*, trad. M. Laporte, © Le Livre de Poche Jeunesse, 2005.

→ ....
....
....

À l'écrit

26 ** Écriture • Recopiez et complétez ces phrases par un COD ou un COI.

Holmes observe… • Le célèbre détective pense à… • Il explique à… que… • Il a résolu… • C'est Watson qui téléphone à… pour… prévenir.

27 * Réécriture • Réécrivez trois fois la phrase donnée en tenant compte du changement de sujet.**

À l'époque, le bâtiment paraissait abandonné ; aujourd'hui il semble habité.

→ À l'époque, la ferme ....
....

→ À l'époque, les bâtiments ....
....
....

→ À l'époque, les bâtisses ....
....
....

28 * Dictée • Écrivez la dictée lue par votre enseignant-e.**

....
....
....
....
....
....
....
....

J. et W. Grimm, « Les présents des gnomes », *Contes*, 1812.

À l'oral

29 ** Documentez-vous sur un personnage célèbre et complétez les phrases pour le faire deviner : *(nom de ville)* est la ville où je suis né-e.

À *(âge)*, je deviens… . Sur cette image, j'ai l'air… . …est mon activité favorite. Je suis considéré-e comme… . Je m'appelle…

53 Les compléments circonstanciels (CC)

Réviser les CC de temps

La phrase, constituée du groupe sujet et du groupe verbal, peut être enrichie de compléments circonstanciels. On peut les déplacer et les supprimer.

Le **complément circonstanciel de temps** précise le moment ou la durée. Il permet de répondre à la question « Quand ? ».

Exemple **Dès la nuit tombée,** la chouette ulule.

Le CC de temps → répond à la question *Quand ?*

1 * **Soulignez les compléments circonstanciels de temps.**

a. L'été prochain, nous ferons les vendanges.

b. Crois-tu qu'à 17 heures le bureau sera ouvert ?

c. À dix-huit ans, elle passera son permis.

d. Demain, nous fêterons son anniversaire.

2 ** **Indiquez si les compléments soulignés sont des CC de temps.**

	OUI	NON
a. <u>Le soir</u>, la terrasse est bondée.	○	○
b. <u>Par chance</u>, la terrasse est presque déserte.	○	○
c. Viendras-tu <u>lundi prochain</u> ?	○	○
d. <u>À 23 heures</u>, commencera le feu d'artifice.	○	○
e. Le feu d'artifice fait peur <u>à mon frère</u>.	○	○

3 ** **Soulignez les compléments circonstanciels de temps et indiquez ce qu'ils expriment.**

a. Durant trois heures, elle a dansé sans s'arrêter. •

b. À 18 heures, le jury annoncera les résultats. •   • moment

c. Faire cuire à feu doux pendant 20 minutes. •   • durée

d. L'hiver dernier, nous sommes allés au ski. •

4 ** **Complétez ces phrases avec un complément circonstanciel de temps de votre choix.**

a. J'ai acheté ce livre ....

b. Range ce bocal ....!

c. ...., je m'inscrirai au judo.

d. ...., il n'y avait pas école le jeudi.

5 *** **Soulignez les compléments circonstanciels de temps.**

Depuis sa plus tendre enfance, il se passionnait pour les exploits des chevaliers. La bibliothèque du palais était remplie de leurs récits légendaires. Des heures entières, il admirait les manuscrits enluminés qui les représentaient au tournoi ou à la guerre […].

Claude Merle, *Lancelot*, © Bayard éditions, 2009.

Réviser les CC de lieu

Le **complément circonstanciel de lieu** précise le lieu.
Il permet de répondre à la question « Où ? ».

On peut le remplacer par le pronom *y*.
On peut le déplacer et le supprimer.

Exemples **En Bretagne**, les plages sont magnifiques.
Les plages **y** sont magnifiques.

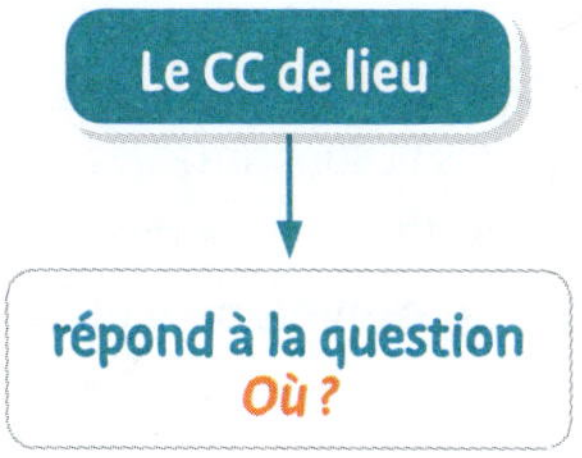

6 * Soulignez les compléments circonstanciels de lieu.

a. Il voit la tour Eiffel de la fenêtre de son appartement.

b. Sur le Mont Blanc, il y a de plus en plus de touristes.

c. Au musée des arts africains, on inaugure une nouvelle exposition.

d. Dans ce lycée, les élèves apportent leur tablette.

7 ** Complétez ces phrases avec un complément circonstanciel de lieu de votre choix.

a. J'ai emprunté ce livre ……………………………………………………………………….

b. ……………………………………………………………………, il y a une grande cour de récréation.

c. La compétition aura lieu dimanche ……………………………………………………………….

d. ……………………………………………………………………, j'apercevais le château d'If.

8 ** Réécrivez ces phrases en remplaçant le pronom « y » par un CC de lieu.

a. J'y ai rencontré mon meilleur ami.

→ ……………………………………………………………………………………………

b. Mon grand-père y a un cabanon de pêche.

→ ……………………………………………………………………………………………

c. Elles s'y donnent rendez-vous chaque samedi.

→ ……………………………………………………………………………………………

9 * Les compléments circonstanciels soulignés indiquent-ils tous le lieu ?**

Il y avait jadis, à Sens, un jongleur qui était très pauvre, et c'était par sa faute, je suis obligé de le dire. Il perdait tout son argent aux dés, dans les tavernes.

« Un jongleur en enfer », *Les Fabliaux du Moyen Âge*, © Hatier, 2002.

→ ……………………………………………………………………………………………

……………………………………………………………………………………………

55 Les compléments circonstanciels (CC)

Réviser les CC de moyen, de manière et d'accompagnement

Les compléments circonstanciels sont déplaçables et supprimables. Ils précisent les circonstances de l'action.

1. Le **CC de moyen** permet de répondre aux questions « Avec quoi ? », « Au moyen de quoi ? ».
2. Le **CC de manière** permet de répondre à la question « Comment ? ».
3. Le **CC d'accompagnement** permet de répondre à la question « Avec qui ? ». Il désigne le plus souvent une personne.

Le CC de moyen → répond aux questions *Avec quoi ? Au moyen de quoi ?*

Le CC de manière → répond à la question *Comment ? De quelle manière ?*

Le CC d'accompagnement → répond à la question *Avec qui ?*

Exemples

1. Il cuisine **avec ses nouveaux ustensiles.**
2. Il cuisine **en chantant.**
3. Il cuisine **avec son père.**

10 * **Soulignez les compléments circonstanciels de moyen.**

a. Avec son compas, il trace soigneusement des cercles.

b. Elle sait faire du vélo sans les mains !

c. Vous pouvez battre la crème avec un fouet ou avec une fourchette.

11 ** **Indiquez la circonstance précisée par les compléments circonstanciels.**

a. Coloriez cette carte avec vos crayons de couleur.	•	• accompagnement
b. Elle arrive en compagnie de sa tante.	•	• manière
c. Il s'est battu avec beaucoup de courage.	•	• moyen

12 ** **Complétez chaque phrase avec le complément circonstanciel indiqué.**

a. *Manière* → ...., il a soigné cet oiseau blessé.

b. *Moyen* → Au tir à l'arc, il faut toucher la cible ....

c. *Accompagnement* → Vous visiterez la ville ....

13 *** **Soulignez les CC de moyen et entourez les CC d'accompagnement.**

Enfant, il naviguait tous les dimanches avec son frère. Tous deux se dirigeaient à l'aide d'un GPS que leur tante leur avait offert. Arrivés sur la plage, ils mangeaient en compagnie de leurs amis : les poissons pêchés dans l'après-midi étaient découpés avec un petit canif incrusté de nacre.

Myriam Dubois, *Je m'amuse*, © Magnard, 2018.

56

Les compléments circonstanciels (CC)

Employer les CC de cause, de conséquence et de but

1. Le **CC de cause** indique la raison pour laquelle une action est accomplie, sa cause. Il est introduit par : *à cause de, en raison de, par, grâce à...*
Il permet de répondre à la question « À cause de quoi/de qui ? ».

2. Le **CC de conséquence** exprime le résultat d'une action. Il est introduit par : *au point de, de manière à, assez... pour, trop... pour...*

3. Le **CC de but** exprime l'intention dans laquelle une action est accomplie. Il est introduit par : *pour, en vue de...*

Exemples **1. À cause des embouteillages**, il est arrivé en retard.
2. Il est resté coincé dans les embouteillages **au point d'arriver en retard**.
3. La circulation a été régulée **pour éviter les embouteillages**.

Le CC de cause → indique la raison de l'action

Le CC de conséquence → indique le résultat de l'action

Le CC de but → indique l'intention de l'action

14 ** **Indiquez la circonstance exprimée par les compléments soulignés.**

a. Grâce à ton aide, j'ai terminé ce devoir. •
b. Il est assez mature pour comprendre la situation. •
c. Tu éteins ton téléphone portable de manière à pouvoir te concentrer. •
d. Pour avoir lu ce livre, je te le recommande. •

• cause
• conséquence

15 ** **Soulignez les compléments circonstanciels et précisez la circonstance exprimée.**

	CAUSE	CONSÉQUENCE
a. La sortie en mer est annulée à cause du gros vent.	◯	◯
b. Le temps était trop mauvais pour sortir en mer.	◯	◯
c. En le voyant si joyeux, nous nous mîmes à sourire !	◯	◯

16 ** **Complétez ces phrases avec le complément circonstanciel indiqué.**

a. *But* → Tu ranges ta chambre ....

b. *Cause* → ...., il faut s'hydrater régulièrement.

c. *But* → Nous avons réalisé ce panneau ....

17 *** **Soulignez quatre compléments circonstanciels. Quelle circonstance expriment-ils ?** ....

Remarquez bien que les nez ont été faits pour porter des lunettes ; aussi avons-nous des lunettes. Les jambes sont visiblement instituées pour être chaussées, et nous avons des chausses. Les pierres ont été formées pour être taillées et pour en faire des châteaux. **Voltaire**, *Candide ou l'Optimisme*, 1759.

Bilan Les compléments circonstanciels (CC)

Fiches 53 à 56
- Réviser les CC de temps
- Réviser les CC de lieu
- Réviser les CC de moyen, de manière et d'accompagnement
- Employer les CC de cause, de conséquence et but

Je révise les CC de temps

18 ** Les compléments circonstanciels en gras expriment-ils une durée ou un moment ? Complétez le tableau.

a. Nous partirons **à 8 heures**.

b. **Hier**, nous avons fait une longue marche.

c. Nous avons randonné **pendant deux heures** en forêt.

d. **Durant l'orage**, nous nous sommes réfugiés dans la grange.

e. **À la fin de la journée**, nous sommes rentrés bien fatigués.

Durée	Moment
Phrases	Phrases ....

19 ** Soulignez les CC de temps.

Par un jour d'automne, dans le second quart du XVIe siècle, au cœur de l'antique cité de Londres, un garçon naquit dans une famille de pauvres gens, nommés Canty, qui ne souhaitaient point sa naissance. Le même jour, un autre petit Anglais, attendu celui-là avec impatience, naquit dans une autre famille, les Tudor.

Marc Twain, *Le Prince et le Pauvre*, © Hachette Livre, 2008.

Je révise les CC de lieu

20 * Soulignez les CC de lieu.

L'ombre des arbres dans la rivière embrumée
Meurt comme de la fumée
Tandis qu'en l'air, parmi les ramures réelles
Se plaignent les tourterelles.

Paul Verlaine, *Romances sans paroles*, IX, 1874.

21 * Soulignez les compléments circonstanciels puis complétez le tableau.**

Dans le cristal d'une fontaine
Un Cerf se mirant autrefois
Louait la beauté de son bois,
Et ne pouvait qu'avecque peine
Souffrir ses jambes de fuseaux,
Dont il voyait l'objet se perdre dans les eaux.

Jean de La Fontaine, « Le Cerf se voyant dans l'eau », *Fables*, livre VI, 1668.

Temps	....
Lieu	....
Manière	....

Je révise les CC de moyen, manière et accompagnement

22 ** Indiquez la circonstance précisée par les compléments.

a. Avec ce casque, tu es protégé. •

b. Il va au cinéma avec elles. •

c. Elle se rend au collège à trottinette. •

• moyen

• accompagnement

23 ** Complétez ces phrases avec un CC de moyen de votre choix.

a. Descendrons-nous à Marseille .... ?

b. Je réalise des portraits ....

c. ...., il est beaucoup plus rapide que moi !

d. A-t-elle signé .... ?

24 ★★ Complétez ces phrases avec le complément circonstanciel indiqué.

a. *Manière* → ...., il berce son petit enfant.

b. *Accompagnement* → ...., le Petit Poucet frappe à la porte de l'ogre.

c. *Moyen* → Mélangez la préparation ....

d. *Accompagnement* → Qui a préparé ce diaporama .... ?

25 ★★★ Soulignez les deux compléments circonstanciels de manière de ce texte.

Les Loups mangent gloutonnement.
Un Loup donc étant de frairie,
Se pressa, dit-on, tellement
Qu'il en pensa perdre la vie.

Jean de La Fontaine, « Le Loup et la Cigogne », *Fables*, livre III, 1668.

J'emploie les CC de cause, de conséquence et de but

26 ★ Soulignez les CC de cause. Entourez les CC de conséquence.

a. Il améliore ses résultats grâce à ses entraînements.

b. Elle a trop de fièvre pour sortir ce soir.

c. En raison d'un conseil de classe, les élèves finissent une heure plus tôt.

d. Il a eu un fou rire au point d'en avoir des crampes.

27 ★★ Complétez ces phrases avec le complément circonstanciel indiqué.

a. *Cause* → ...., le trafic routier est ralenti.

b. *But* → Il révise tous les jours ....

c. *Conséquence* → Il a besoin de calme ....

d. *But* → Nous nous entraînons ....

À l'écrit

28 ★ Écriture • Vous êtes invité-e à une soirée. Vous proposez à un-e camarade de vous accompagner mais il (elle) ne veut pas. Imaginez ce dialogue dans lequel vous emploierez différents compléments circonstanciels pour préciser les circonstances de cette soirée.

29 ★★★ Réécriture • Réécrivez la phrase donnée en ajoutant un CC de lieu, de temps, de manière et de but. Vous pouvez les utiliser dans l'ordre que vous désirez.

Nous préparons une exposition.

....

30 ★★★ Dictée • Écrivez la dictée lue par votre enseignant-e.

....

D'après **Charles Perrault**, « *La Belle au bois dormant* », 1697.

À l'oral

31 ★★ Vous êtes inspecteur de police et vous enquêtez sur le vol d'une statue. Rendez compte des circonstances de ce vol dans une note de service. Vous devez pouvoir répondre aux questions : *Quand ? Où ? Pourquoi ? Comment ? Avec qui ? Au moyen de quoi ?*

57 Les temps simples de l'indicatif

Réviser la conjugaison des verbes au présent de l'indicatif (1er groupe)

Au prédent de l'indicatif, les terminaisons des verbes du **1er groupe** sont : ***-e, -es, -e, -ons, -ez, -ent***.

Exemples je regard**e**, tu aim**es**, vous jou**ez**

→ Les **verbes en *-cer*** prennent une cédille devant *-ons* ; ceux en ***-ger*** gardent leur *-e-* devant *-ons*.

→ Seuls les verbes ***appeler*** et ***jeter*** (et leurs composés) se conjuguent en doublant le *-l-*, le *-t-* devant *e* muet.

→ Le *-y-* des **verbes en *-yer*** devient *-i-* devant *e* muet.

Exemples nous lan**ç**ons, nous ran**ge**ons, il je**tt**e, nous je**t**ons, il netto**i**e, nous netto**y**ons

Présent de l'indicatif 1er groupe
- **au singulier** *-e, -es, -e*
- **au pluriel** *-ons, -ez, -ent*

1 * Conjuguez chaque verbe au présent de l'indicatif.

a. oublier : → ....

b. colorer : → ....

2 * Complétez les formes verbales par *-e* ou *-es*.

a. Je te remerci.......... du fond du cœur.

b. Tu aim.......... ce dessert.

c. Elle t'envoi.......... sa réponse au plus vite.

d. J'essui.......... les verres.

3 ** Mettez ces verbes à la 1re personne du singulier et du pluriel du présent de l'indicatif.

a. manger : ....

b. payer : ....

c. commencer : ....

d. rappeler : ....

4 ** Réécriture • Réécrivez le texte au présent de l'indicatif.

Alors il se sauva et passa par-dessus la haie. Les petits oiseaux dans les buissons s'envolèrent de frayeur. « Et tout cela, parce que je suis vilain », pensa le caneton. Il ferma les yeux et continua son chemin. Il arriva ainsi au grand marécage qu'habitaient les canards sauvages. Il s'y coucha pendant la nuit, bien triste et bien fatigué.

D'après **Hans Christian Andersen**, « Le Vilain Petit Canard », 1876.

....

....

....

....

....

Réviser la conjugaison des verbes au présent de l'indicatif (2e et 3e groupes)

Au présent de l'indicatif, les terminaisons des verbes des **2e et 3e groupes** sont le plus souvent : *-s, -s, -t, -ons, -ez, -ent.*

Exemples je pein**s**, tu sor**s**, il voi**t**, nous agiss**ons**

→ Les **verbes en -*dre***, sauf en *-indre*, ne prennent pas de *-t* à la 3e personne du singulier : le *-d* final fait partie du radical.

Exemples il compren**d**, elle ven**d**

→ Seuls ***pouvoir, vouloir*** et ***valoir*** ont pour terminaisons **-x, -x, -t** au singulier. De nombreux verbes du 3e groupe changent de radical à certaines personnes.

Exemples *aller* : je vais, ils vont • *dire* : je dis, ils disent *faire* : je fais, nous faisons, ils font • *savoir* : je sais, nous savons • *venir* : je viens, nous venons, ils viennent

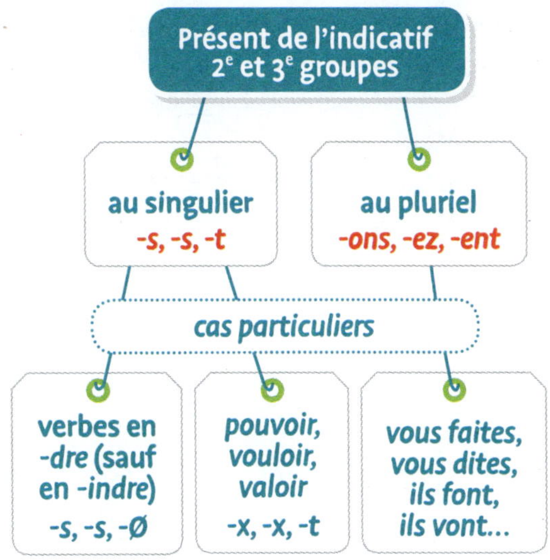

5 ** **Complétez les formes verbales par *-s* ou *-t*.**

elle reçoi.......... • je crain.......... • tu fend.......... • il étein.......... • tu men.......... • on fini..........

6 ** **Ajoutez un pronom personnel sujet devant ces verbes et précisez leur infinitif.**

a. .... rougit → ....

b. .... disent → ....

c. .... se souviennent → ....

d. .... reprends → ....

e. .... combat → ....

f. .... défaites → ....

7 ** **Écrivez les verbes au présent de l'indicatif, à la personne demandée.**

a. écrire → tu ....

b. savoir → ils ....

c. vendre → elle ....

d. servir → on ....

e. agir → vous ....

f. valoir → elle ....

8 *** **Complétez les répliques par les verbes de la liste en les mettant au présent de l'indicatif à l'endroit qui convient.**

aller • devoir • être (2 fois) • faire • produire • savoir • vouloir

LE DOCTEUR. – Et je .... plus loin. Les quelques milliers de francs que vous me ...., je vous en .... cadeau.

KNOCK. – Oui... au fond, vous n'.................. pas si bête qu'on .... bien le dire.

LE DOCTEUR. – Comment cela ?

KNOCK. – Vous .... peu, mais vous .... acheter et vendre. Ce .... les qualités du commerçant.

Jules Romains, *Knock*, III, 6, 1923.

59

Les temps simples de l'indicatif

Réviser la conjugaison de l'imparfait

À l'**imparfait** de l'indicatif, tous les verbes se conjuguent de la même façon :
→ le radical est celui de la 1re personne du pluriel du présent ;
→ les terminaisons sont formées de la manière suivante : ***-ai-s, -ai-s, -ai-t, -i-ons, -i-ez, -ai-ent***.

Exemples je pens**ais**, tu t'attendriss**ais**, vous pren**iez**

Seul le verbe *être* a un autre radical à l'imparfait : *j'**ét**-ais*.

La formation de l'imparfait

radical du verbe (le même qu'à la 1re personne du pluriel du présent) + **-ai-s, -ai-s, -ai-t, -i-ons, -i-ez, -ai-ent**

9 * **Complétez avec un pronom personnel qui convient.**

a. .... descendais
b. .... espérions
c. .... disiez
d. .... construisais
e. .... agissait
f. .... faisaient

10 ** **Complétez chaque phrase avec un groupe nominal.**

a. .... paniquait dès que .... était un peu en retard.
b. .... passaient et se ressemblaient.

11 ** **Mettez ces verbes à la 3e personne du singulier et du pluriel de l'imparfait de l'indicatif.**

a. attendre → ....
b. bâtir → ....
c. défaire → ....
d. être → ....

12 ** **Complétez le tableau à l'imparfait de l'indicatif.**

	écrire	poster	conclure	rendre	lire	éteindre
tu	....	....	....	....	....	....
vous	....	....	....	....	....	....

13 *** **Mettez les verbes entre parenthèses à l'imparfait de l'indicatif.**

Le baron .... *(balbutier)*, ... *(suffoquer)*, la main tendue vers les murs dénudés où .... *(pointer)* les clous, où .... *(pendre)* les cordes inutiles. Il .... *(courir)* d'un endroit à l'autre, effaré, désespéré. Il .... *(rappeler)* ses prix d'achat, ... *(additionner)* les pertes subies, ... *(accumuler)* des chiffres.

Maurice Leblanc, *Arsène Lupin en prison*, © Leblanc, 1972.

Maîtriser les particularités des verbes du 1er groupe à l'imparfait

Si les terminaisons sont identiques pour tous les verbes à l'imparfait, il faut faire attention aux :
- verbes en ***-ger*** : on ajoute un *-e-* avant le *-a-*
- verbes en ***-cer*** : on ajoute une cédille avant le *-a-*.

Exemples je diri**ge**ais, tu lan**ç**ais

- verbes en ***-ier, -yer, -iller, -gner*** : il ne faut pas oublier le « i » aux 1re et 2e personnes du pluriel *(-i-ons, -i-ez)*.

Pour reconnaître l'imparfait, on peut changer de personne.

Exemple Hier, nous criions. → elle criait *(imparfait)*
Aujourd'hui, nous crions. → elle crie *(présent)*

Particularités de l'imparfait verbes du 1er groupe en...
- *-ger* : tu mangeais
- *-cer* : elle éminçait
- *-ier, -yer, -iller, -gner* : nous criions, vous festoyiez

14 * **Complétez le tableau à l'imparfait de l'indicatif.**

	plonger	balayer	préfacer	bafouiller	dédicacer
je	....	....	....	....	....
nous	....	....	....	....	....

15 *** **Mettez les verbes à l'imparfait, selon les indications données.**

a. Synonyme de *penser* → Tu ne m'as pas entendue, à quoi ....-tu ?

b. Synonyme de *luire* → Ma chère, hier soir, vous .... de mille feux !

c. Synonyme de *détruire* → Le vent .... les maisons les plus fragiles.

d. Synonyme de *projeter* → Tes grands-parents .... de t'offrir un portable.

16 ** **Réécriture • Réécrivez le texte en mettant les verbes conjugués à l'imparfait de l'indicatif.**

Un nuage sombre plane comme une immense voile. Des bourrasques soufflent du large et s'engouffrent entre les deux falaises. Se confondant avec l'écume, des mouettes se balancent sur la crête des lames et leurs cris rauques percent le tumulte de la tempête.

D'après **Maurice Leblanc**, « Le Sauvetage », *Un Gentleman et autres nouvelles*, © Éditions des Falaises, 2006.

....

....

....

....

....

Conjuguer au passé simple (1er groupe et *aller*)

Pour les verbes du 1er groupe, le **passé simple** se conjugue sur le radical du présent.
Leurs terminaisons et celles du verbe *aller* sont :
→ au singulier, celles du verbe *avoir* au présent : ***-ai, -as, -a***
→ au pluriel : ***-âmes, -âtes, -èrent***.

Exemples je remont**ai**, tu parl**as**, elle all**a**,
nous os**âmes,** vous lav**âtes**, ils pens**èrent**

Rappel : *c* devient *ç* devant *-a* ; *g* devient *ge* devant *-a*.

Exemples nous avan**ç**âmes, on ran**ge**a

Le passé simple
1er groupe (-er) et *aller*
-a-
↓
-ai, -as, -a,
-âmes, -âtes, -èrent

17 * Mettez les verbes au passé simple à la personne demandée.

vous .... *(affirmer)* • elle .... *(penser)* • je .... *(refuser)* • nous .... *(lever)* • ils .... *(aimer)* • on .... *(discuter)*

18 ** Complétez le tableau au passé simple en vous aidant des cases déjà complétées.

infinitif	je	on	ils
jouer	....	joua	....
raconter	....	....	racontèrent
songer	....	....	....
s'agacer	....	....	....
créer	créai	....	....

19 * Recopiez ces phrases en mettant les verbes au passé simple.**

La nuit tombe. • Les soldats se couchent puis se lèvent de bonne heure le lendemain. • Le roi convoque ses barons.

→ ....

....

20 * Complétez avec la terminaison du passé simple qui convient.**

Il vécut richement dans son pays et ne retourn.......... plus jamais à sa charrue. Il ne battit plus sa femme, mais il l'aim.......... et la chérit. Tout se pass.......... comme je l'ai dit : grâce à sa ruse et grâce à sa femme il fut bon médecin sans avoir fait d'étude.

Le Vilain Mire, trad. d'A. Micha, © Flammarion.

Conjuguer au passé simple (2e et 3e groupes)

Aux 2e et 3e groupes, les terminaisons de personnes du **passé simple** sont toujours : *-s, -s, -t, -^mes, -^tes, -rent.*

Le son qui les précède varie :

→ *-i-* pour les verbes du 2e groupe et certains verbes du 3e groupe comme *faire, sortir...* ;

→ *-u-* pour d'autres verbes du 3e groupe comme *lire, savoir...* et *être* et *avoir* ;

→ *-in-* pour *tenir, venir* et leurs composés.

Exemples je dormi**s**, nous p**û**mes, ils rev**in**rent
elle **fut** (*être*), elle **fit** (*faire*)

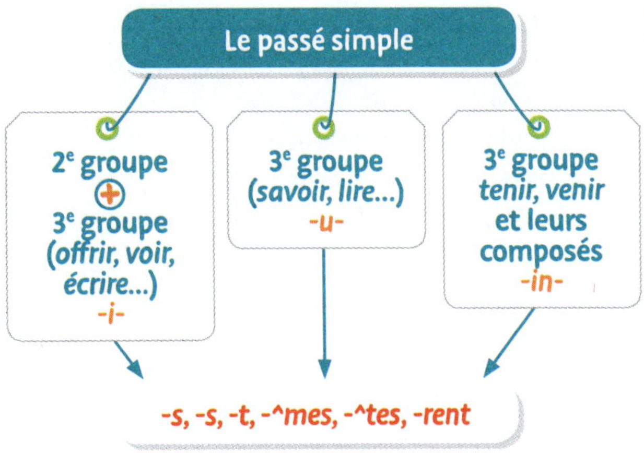

21 * Complétez ces formes verbales par un pronom personnel sujet qui convient.

.... vint • .... naquîtes • .... vécus • .... reconnus • .... réussirent
.... comprîmes • .... relurent • .... vit • .... saisîtes • .... agis

22 * Mettez les verbes au passé simple à la personne demandée.

a. apprendre → nous ....
b. obtenir → elles ....
c. conduire → je ....
d. faiblir → il ....
e. offrir → vous ....
f. résoudre → ils ....
g. finir → tu ....
h. découvrir → nous ....

23 ** Entourez les verbes conjugués au passé simple. Puis précisez leur infinitif.

tu atteins • tu atteignis • ils devinrent • ils deviennent • il plut • il pleut

.... • .... • ....

24 ** Mettez les verbes entre parenthèses au passé simple. Puis réécrivez les vers 2 et 4 à la 3e personne du pluriel.

Un jour de juin que j'étais soucieux,
Elle .... souriante à mes yeux (*apparaître*)
Qui l'admiraient sans redouter d'embûches ;
Elle ...., ..., ..., ..., ...
(*aller, venir, revenir, s'asseoir, parler*)

Paul Verlaine, III, *La Bonne Chanson*, 1872.

→ ....

....

Les temps simples de l'indicatif

Réviser la conjugaison du futur simple

Au **futur simple de l'indicatif**, les terminaisons sont les mêmes pour tous les verbes : ***-ai, -as, -a, -ons, -ez, -ont***.
Elles sont toujours précédées de **-r**.
Pour la plupart des verbes, on forme le futur à partir de l'infinitif. Certains verbes ont un radical particulier au futur.
Les verbes *mourir* et *courir* prennent **deux -r** au futur.

Exemples je chante**rai**, tu essaie**ras**, il fini**ra**, il comprend**ra**, nous se**rons**, vous sau**rez**, elles fe**ront**, on ver**ra**, ils cour**ront**

La formation du futur simple

radical du verbe + (e) r + ***-ai, -as, -a, -ons, -ez, -ont***

25 * **Mettez ces verbes au futur simple à la personne demandée.**

a. dessiner → je ....
b. gommer → tu ....
c. refaire → elle ....
d. offrir → il ....
e. bondir → nous ....
f. s'élancer → vous ....
g. partir → ils ....
h. mettre → elles ....

26 ** **Réécrivez les verbes conjugués à l'impératif au futur de l'indicatif, en conservant la même personne.**

a. Reproduis la figure. → ....
b. Construisez le symétrique du polygone ABCDE par rapport à (d). → ....
c. Calcule mentalement l'aire en m^2. → ....

27 *** **Complétez le texte avec les verbes de la liste conjugués au futur simple.**

confier • mener • être • contenir • devoir • rejoindre

Vous .... suivre strictement ces ordres. Vous .... l'agent XGT à Dubaï. Il vous .... à votre hôtel. Il .... votre seul contact là-bas. Il vous .... une mallette qui .... le reste de nos instructions.

28 *** **Mettez les verbes entre parenthèses au futur simple.**

Il faut que vous prêtiez hommage au roi Arthur, qui est votre compagnon à cette table. Et, quand vous l'aurez fait, il vous .... *(jurer)* sur les reliques qu'il .... *(maintenir)* dorénavant votre compagnie dans le plus grand honneur possible, aussi longtemps qu'il .... *(vivre)*.

La Suite du roman de Merlin (1re moitié du XIIIe siècle), trad. S. Marcotte, © Honoré Champion éditeur, 2006.

64 Les temps simples de l'indicatif

Réviser les emplois du présent de l'indicatif

Le **présent de l'indicatif** exprime :

1. une action qui a lieu au moment où on l'énonce : c'est le **présent d'actualité** ou **d'énonciation** ;
2. une **habitude** ;
3. des faits toujours vrais, des **vérités générales** ;
4. un **passé proche** ou un **futur proche**.

Exemples **1.** Il **est** précisément midi.
2. Il **nage** tous les jours.
3. L'eau **bout** à 100°.
4. Je **reviens** de la piscine. J'**arrive** !

5. Dans un récit au passé, il est utilisé pour donner l'impression au lecteur que l'action se déroule sous ses yeux : c'est le **présent de narration**.

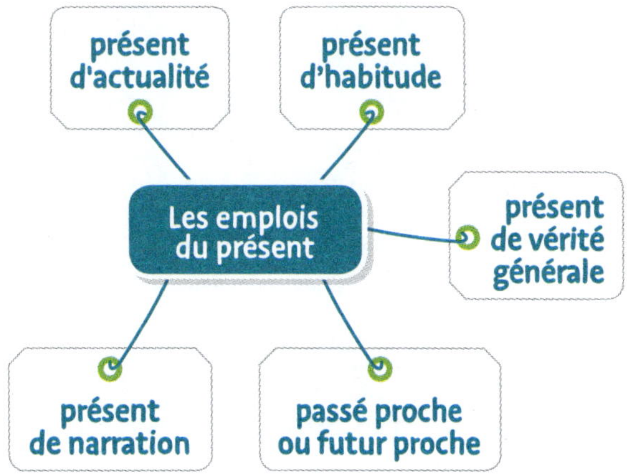

29 ** Associez chaque phrase à un emploi du présent.

a. On ne fait pas d'omelette sans casser des œufs. •
b. Je révise les valeurs du présent. •
c. Je prépare mon sac tous les soirs. •
d. La finale a lieu le weekend prochain. •

• présent d'énonciation
• présent d'habitude
• présent de vérité générale
• présent à valeur de futur proche

30 ** Le présent exprime-t-il un passé proche ou un futur proche ?

	PASSÉ	FUTUR
a. Tu viens au cinéma demain ?	○	○
b. Je quitte ton frère à l'instant.	○	○
c. Je viens tout juste de finir ma rédaction.	○	○
d. On vous récupère chez Mamie ce soir.	○	○

31 ** Soulignez les phrases dans lesquelles le présent est un présent de vérité générale.

Quand le chat n'est pas là, les souris dansent. • La nuit, tous les chats sont gris. • Je nourris le chat dans cinq minutes. • Je n'y vais plus ; il n'y a pas un chat. • Ouvre la porte, le chat veut entrer. • Chat échaudé craint l'eau froide. • Nous faisons une toilette de chat et nous arrivons.

32 * Indiquez à quels temps les verbes sont employés. Puis précisez la valeur du présent.**

[Perceval] prit appui sur sa lance et contempla la ressemblance qu'il y découvrait : le sang uni à la neige lui rappelle le teint frais du visage de son amie. **Chrétien de Troyes,** *Le Conte du Graal.*

→ Les verbes sont employés ....

....

Distinguer les emplois de l'imparfait

L'**imparfait** a trois valeurs. Il indique :
- → une **action passée** dont le début et la fin ne sont pas clairement délimités ;
- → une **habitude passée** (lorsque des actions se répètent dans le passé) ;
- → **l'hypothèse** après « si ».

Exemple Tous les matins, les courtisans **assistaient** au lever du roi.

Dans les textes, il est utilisé dans les **descriptions** ; il permet de créer un cadre pour l'action, il indique **l'arrière-plan du récit**.

Exemple Notre salle **donnait** sur le parking.

Les 3 valeurs de l'imparfait
- action non délimitée dans le temps
- habitude, répétition passées
- hypothèse

dans les textes
- arrière-plan du récit
- description

33 ** **Cochez la case qui correspond à la valeur de l'imparfait.**

	HABITUDE	HYPOTHÈSE
a. Nous jouions aux billes à chaque récréation.	○	○
b. Si vous aviez le temps, vous pourriez vous parler des heures.	○	○
c. Chaque joueur portait un maillot de sa ville.	○	○
d. Si on traversait Paris à pied, cela prendrait du temps.	○	○

34 ** **Associez chaque verbe à l'emploi de l'imparfait correspondant.**

a. Il jouait du piano quand le téléphone sonna. •
b. Le soleil brillait, une agréable douceur régnait. •
c. Le vallon courait jusqu'à perte de vue. •
d. Le chat dormait paisiblement, soudain la porte s'ouvrit. •

• arrière-plan du récit
• description

35 ** **Complétez chaque phrase en tenant compte de la valeur de l'imparfait indiquée.**

a. *Habitude passée* → Chaque weekend, ...

b. *Hypothèse* → Je pourrais venir te chercher ....

c. *Action non délimitée dans le temps* → .... lorsque l'ordinateur s'éteignit.

36 *** **Quel est l'emploi de l'imparfait dans ce texte ?**

Dressé sur ses étriers, la main en visière, le comte observait le paysage alentour. L'immense forêt cernait l'horizon. D'un vert sombre presque noir. Pourtant, par endroits, le soleil faisait déjà resplendir les premières feuilles dorées par l'approche de l'automne.

Alain Surget, *Le Renard de Morlange*, © Nathan, 2005.

→ ....

66 Les temps simples de l'indicatif

Employer l'imparfait et le passé simple dans un récit

Utilisés ensemble dans un récit au passé, l'**imparfait** montre le **contexte** (le « second plan » ou « arrière-plan »), tandis que le **passé simple** exprime l'**événement important** (le « premier plan »).

Exemple

Il **neigeait** quand Paul <u>rentra</u> à la maison.
2^d plan — 1er plan

Le passé simple
- → des actions délimitées dans le temps
- → une succession d'actions

actions de 1er plan

L'imparfait
- → des actions non délimitées dans le temps
- → l'arrière-plan de l'action

actions de 2^d plan

37 * Dans ces phrases, le passé simple exprime-t-il une succession d'actions ?

	OUI	NON
a. Charlemagne réfléchit longuement, ôta son gant et le confia à Ganelon.	○	○
b. Ils mirent fin à la réunion qui s'éternisaient.	○	○
c. La montgolfière s'éleva puis disparut derrière la colline.	○	○

38 ** Soulignez les verbes à l'imparfait et entourez ceux au passé simple.

Vers le soir, comme le fond des vallées commençait à devenir bleu et que les bêtes se serraient en bêlant l'une contre l'autre, j'entendis qu'on m'appelait dans la descente, et je vis paraître notre demoiselle.

D'après **Alphonse Daudet**, « Les étoiles », *Les Lettres de mon moulin*, 1866.

39 ** Mettez les verbes entre parenthèses à l'imparfait ou au passé simple.

a. La foule .... *(se disperser)* quand l'attaquant .... *(mettre)* le but de la victoire.

b. Habituellement, les candidats .... *(massacre)* ce morceau ; cette fois, ils le .... *(jouer)* brillamment.

c. Ils .... *(ranger)* leurs partitions quand le chef d'orchestre .... *(venir)* les féliciter.

d. Soudain, elle .... *(se cacher)* derrière les hautes herbes et .... *(observer)* : les gazelles .... *(nourrir)* leurs petits.

40 * Soulignez la forme verbale qui convient.**

Enfin ils *parvenaient* / *parvinrent* sur la place du moutier et ils *s'avançaient* / *s'avancèrent* sous les cloches. Tout *était* / *fut* désert et silencieux. Le chef *restait* / *resta* seul pendant que les quatre autres *revenaient* / *revinrent* en arrière pour faire le guet.

Louis Pergaud, *La Guerre des boutons*, coll. « Petits classiques », © Larousse, 2010.

Bilan Les temps simples de l'indicatif

Fiches 57 à 66
- Réviser la conjugaison des verbes au présent
- Réviser la conjugaison de l'imparfait • Maîtriser ses particularités (verbes du 1er groupe) • Conjuguer au passé simple • Réviser la conjugaison du futur simple • Réviser les emplois du présent • Distinguer les emplois de l'imparfait
- Employer l'imparfait et le passé simple dans un récit

J'emploie le présent de l'indicatif

41 * Complétez les formes verbales par la terminaison qui convient.

a. Parce que je le vau........ bien. *(L'Oréal)*

b. Mars, et ça repar........ *(Mars)*

c. On se lèv........ tous pour Danette. *(Danone)*

d. On se souvien........ surtout du goût. *(Sodebo)*

42 ** Donnez l'infinitif des verbes en gras.

a. Je **pars** tôt demain. → ....

b. Je **pare** au plus pressé. → ....

c. Je **suis** en retard. → ....

d. Je **suis** ton itinéraire. → ....

43 * Utilisez des verbes au présent pour compléter ces phrases. Précisez l'emploi qui correspond à chaque phrase.**

a. Chaque été, nous .... dans le jardin. → ....

b. Elle regardait la télévision, le téléphone sonna, elle .... → ....

c. Nous .... en 5e. → ....

d. L'eau .... à 0°C. → ....

J'emploie l'imparfait de l'indicatif

44 ** Mettez les verbes à l'imparfait.

a. j'.............................. *(avancer)*

b. tu .... *(naviguer)*

c. elle .... *(percer)*

d. nous .... *(crier)*

e. ils .... *(voyager)*

f. vous .... *(répondre)*

45 ** Réécriture • Réécrivez le texte à l'imparfait.

Même s'il a l'esprit vide, l'homme est très attentif ; il note les changements dans la rivière, les courbes, les amas de bois et, toujours, il fait très attention où il pose les pieds.

D'après **Jack London**, « Bâtir un feu », *L'Homme et le Loup et autres nouvelles*, trad. de M. Laporte, © Hachette, 2010.

....

....

....

....

....

....

....

46 * Soulignez les verbes conjugués à l'imparfait et précisez l'emploi de ce temps.**

Les peupliers et les ormeaux se balançaient au-dessus de nos têtes […] Les poires, les pommes tombaient à nos pieds, roulaient à nos côtés ; les branches chargées de prunes se courbaient jusqu'à terre.

Théocrite, *Idylles*, VII, trad. L. Renier, 1847.

→ ....

J'emploie le passé simple

47 ** Mettez chaque verbe aux 1re et 3e personnes du singulier du passé simple.

a. contenir : ....

b. exploser : ....

c. rougir : ....

d. vouloir : ....

48 ★★ Mettez, selon le cas, les verbes à l'imparfait ou au passé simple.

Les travaux .... *(avancer)*. Ils .... *(avancer)* tellement vite que les indigènes de l'île .... *(charger)* les pêcheurs de thons d'aller voir de plus près cette chose inquiétante dont ils .... *(ignorer)* le nom. Et les pêcheurs intrigués .... *(observer)* ce grand serpent de mer qui .... *(faire)* un bruit de chemin de fer.

Jacques Prévert, *Lettre des îles Baladar*, © Gallimard, 1952.

49 ★★★ Donnez l'infinitif et le temps de chaque verbe souligné. Expliquez leur emploi.

Maître Corbeau, sur un arbre perché,
<u>Tenait</u> en son bec un fromage.
Maître Renard, par l'odeur alléché,
Lui <u>tint</u> à peu près ce langage : […]

Jean de La Fontaine, « Le Corbeau et le Renard », *Fables*, I, 2, 1668.

→ ....

....

....

....

Je révise la conjugaison du futur

50 ★ Mettez ces verbes à la personne demandée au futur.

je .... *(pâlir)* • nous .... *(rougir)* • tu .... *(blanchir)* • vous .... *(blêmir)* • il .... *(verdir)* • ils ....*(éclaircir)*

51 ★★ Placez les verbes au bon endroit et mettez-les au futur : *trouver* • *se permettre* • *revenir* • *solliciter*.

a. Je .... de vous rappeler.

b. Nous .... vers vous.

c. Vous .... ci-joint les documents.

d. Tu .... un rendez-vous.

À l'écrit

52 ★★ Écriture • Inventez votre biographie ! Utilisez ces verbes conjugués à la 3e personne du singulier du passé simple : *naître* • *avoir* • *être* • *commencer* • *obtenir* • *rencontrer*.

53 ★★★ Réécriture • Réécrivez le texte au présent de l'indicatif en remplaçant la 3e personne du pluriel par la 1re personne du singulier.

Ils se levaient quand bon leur semblait, buvaient, mangeaient, travaillaient, et dormaient quand le désir leur en venait. Nul ne les réveillait, nul ne les contraignait à boire, à manger, ni à faire quoi que ce soit.

François Rabelais, *Gargantua*, trad. Marie-Madeleine Fragonard.

....

....

....

....

....

54 ★★★ Dictée • Écrivez la dictée lue par votre enseignant-e.

Perceval..

....

....

....

....

....

....

....

....

Chrétien de Troyes, *Perceval ou le conte du Graal*.

À l'oral

55 ★★★ Lisez trois fois ce vers en mettant les verbes au présent de l'indicatif, puis au futur et, enfin, au passé simple.

« Je *(vivre)*, je *(mourir)* ; je *(se brûler)* et *(se noyer)*. »

Louise Labé, *Sonnets*, VII.

67 Les temps composés de l'indicatif

Comprendre la correspondance des temps

À chaque **temps simple** (formé à partir d'un seul élément verbal) correspond un **temps composé**.

On appelle temps composé, un temps construit à partir de **deux éléments** : un **auxiliaire** (*être* ou *avoir*) conjugué au temps simple correspondant + le **participe passé** du verbe.

La correspondance des temps

verbe à un temps simple
il gagnait (imparfait)

verbe au temps composé correspondant
=
auxiliaire au temps simple + participe passé
il avait gagné (plus-que-parfait)

1 * Quel est l'auxiliaire employé ? À quel temps est-il conjugué ?

a. Vous vous êtes présentés à un concours de poésie. → ....

b. Avais-tu déjà lu ce livre avant son adaptation au cinéma ? → ....

c. Avec cet accident, tu auras joué de malchance ! → ....

d. Il fut parti très vite. → ....

2 ** Mettez ces verbes aux temps simples correspondants.

a. Elle avait terminé son travail avant moi. → ....

b. Nous avons rangé toute la chambre. → ....

c. Les arbustes auront survécu à l'hiver. → ....

3 ** Mettez ces verbes aux temps composés correspondants.

a. Tu quittes cette ville. → ....

b. Nous irons à la piscine tous les lundis. → ....

c. Elles dansaient au spectacle de l'école. → ....

4 * Réécriture • Réécrivez le texte en mettant chaque verbe au temps composé correspondant.**

Il fréquentait assidûment les maisons de jeu ; il pariait, et gagnait toujours, excepté lorsque son adversaire était un escroc patenté ; alors il perdait plus qu'il ne gagnait ; mais ni la perte ni le gain n'imprimaient le plus léger changement sur le visage de Lord Ruthven.

John William Polidori, « Le Vampire », *Contes de vampires*, © Flammarion, 2010.

....

....

....

....

68 Les temps composés de l'indicatif

Conjuguer aux temps composés

Un temps est dit composé quand il est formé d'un auxiliaire (*être* ou *avoir*) et d'un participe passé.
À l'indicatif, les **temps composés** sont :
1. le passé composé ;
2. le plus-que-parfait ;
3. le passé antérieur ;
4. le futur antérieur.

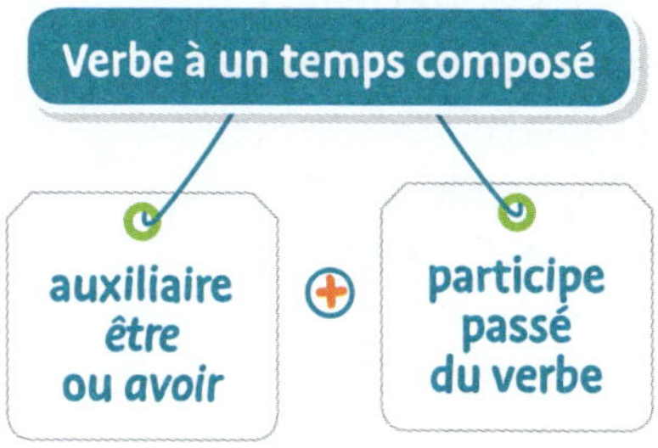

Exemples 1. Il a quitté sa place. *(auxiliaire au présent)*
2. Il **avait** quitté sa place. *(auxiliaire à l'imparfait)*
3. Il **eut** quitté sa place. *(auxiliaire au passé simple)*
4. Il **aura** quitté sa place. *(auxiliaire au futur simple)*

Les temps composés présentent l'action comme achevée. Cette action a toujours lieu avant celle indiquée par le temps simple correspondant.

5 * **Identifiez le temps des verbes en gras.**

a. Elle **a admis** la vérité. •
b. J'**avais** plutôt **choisi** cette paire de sandales. •
c. Dès que vous **aurez essayé**, vous ne pourrez plus vous en passer. •
d. Quand ils **eurent obtenu** gain de cause, ils furent soulagés ! •

• plus-que-parfait
• futur antérieur
• passé composé
• passé antérieur

6 ** **Mettez les verbes aux temps composés indiqués.**

a. *Futur antérieur* → Quand tu .... *(finir)*, il pourra partir.
b. *Plus-que-parfait* → Je les .... *(appeler)* hier.
c. *Passé composé* → Ils .... *(deviner)* ton étonnement !
d. *Passé antérieur* → Quand ils .... *(comprendre)* l'énigme, ils la résolurent.
e. *Passé composé* → Nous .... *(revenir)* de l'entraînement.
f. *Plus-que-parfait* → Avec ce bus, vous .... *(partir)* dans la bonne direction.
g. Passé composé → Carla .... *(descendre)* les valises ?

7 *** **Soulignez les verbes conjugués à un temps composé. De quel temps s'agit-il ?**

Arthur l'avait vu marquer un coup franc de vingt-cinq mètres, de l'extérieur du pied gauche. Le ballon avait contourné le mur et s'était logé exactement dans la lucarne. Le goal adverse n'avait pas bougé d'un centimètre, mieux : il avait applaudi !

Jean-Claude Mourlevat, *A comme voleur*,
© Pocket Jeunesse, 1998.

→ Les verbes soulignés sont au ....

Réviser la conjugaison du verbe *avoir* à tous les temps de l'indicatif

Le **verbe *avoir*** est employé comme **auxiliaire** dans la construction des temps composés de la plupart des verbes. Bien connaître la conjugaison de cet auxiliaire est important pour maîtriser les temps composés.

AVOIR			
Présent de l'indicatif	**Imparfait de l'indicatif**	**Passé simple**	**Futur simple**
j'ai	j'avais	j'eus	j'aurai
tu as	tu avais	tu eus	tu auras
il/elle/on a	il/elle/on avait	il/elle/on eut	il/elle/on aura
nous avons	nous avions	nous eûmes	nous aurons
vous avez	vous aviez	vous eûtes	vous aurez
ils/elles ont	ils/elles avaient	ils/elles eurent	ils/elles auront

8 * **Complétez chaque phrase avec le verbe *avoir* selon le temps indiqué.**

a. *Présent de l'indicatif* → Vous .... des devoirs à terminer avant ce soir.

b. *Futur simple* → Le magasin .... de nouveaux articles la semaine prochaine.

c. *Passé simple* → L'an dernier, ils .... un nouveau professeur d'espagnol.

d. *Imparfait de l'indicatif* → La lionne .... deux adorables lionceaux.

e. *Futur simple* → ....-nous suffisamment de temps ?

f. *Imparfait de l'indicatif* → ....-vous assez de monnaie ?

9 ** **Complétez chaque phrase avec l'auxiliaire *avoir* afin d'obtenir les temps composés indiqués.**

a. *Passé composé* → Les souris .... grignoté le fromage.

b. *Plus-que-parfait* → L'ouvreuse .... placé les spectateurs dans le théâtre.

c. *Passé antérieur* → Ils .... rendu à temps les clés de leur appartement.

d. *Futur antérieur* → L'université .... admis les étudiants en deuxième année.

10 *** **Réécriture • Mettez les verbes entre parenthèses au passé composé. Puis réécrivez le texte en remplaçant** « il » **par** « elles ».

Dans le salon,	Dans le salon,
Il .... *(allumer)* la tablette	Elles ....
Il .... *(cliquer)* sur « Documents »	....
Il .... *(ouvrir)* un fichier	....
Il .... *(joindre)* la photo	....
Il .... *(écrire)* un message	....
Et il m'.................................... *(envoyer)* ce courriel.	....

Réviser la conjugaison du verbe *être* à tous les temps de l'indicatif

Le **verbe être** est utilisé comme **auxiliaire** dans la construction des temps composés, notamment pour ces verbes et leurs dérivés : *venir, partir, arriver, tomber...*

Exemple Il **est** devenu distant.

L'auxiliaire *être* est également utilisé dans la conjugaison à la voix passive.

Exemple Elle a **été** décorée par le maire.

ÊTRE			
Présent de l'indicatif	Imparfait de l'indicatif	Passé simple	Futur simple
je suis	j'étais	je fus	je serai
tu es	tu étais	tu fus	tu seras
il/elle/on est	il/elle/on était	il/elle/on fut	il/elle/on sera
nous sommes	nous étions	nous fûmes	nous serons
vous êtes	vous étiez	vous fûtes	vous serez
ils/elles sont	ils/elles étaient	ils/elles furent	ils/elles seront

11 * Complétez chaque phrase avec le verbe *être* selon le temps indiqué.

a. *Présent de l'indicatif* → Karim et Lilou .... mes amis.

b. *Passé simple* → Ils .... heureux durant de longues années.

c. *Futur simple* →........................-vous prêts pour le prochain spectacle ?

d. *Imparfait de l'indicatif* → Ils .... dans la même classe que vous.

e. *Présent de l'indicatif* → Ne ....-nous pas trop en avance ?

12 ** Complétez chaque phrase avec l'auxiliaire *être* afin d'obtenir le temps composé indiqué.

a. *Passé composé* → En s'agitant, il .... tombé de sa chaise !

b. *Plus-que-parfait* → Nous .... revenus au point de départ.

c. *Futur antérieur* → ....-nous arrivés à temps pour la séance de cinéma ?

d. *Passé antérieur* → En quelques secondes à peine, ils .... partis.

13 ** Soulignez la forme verbale du verbe *être* qui convient. Puis réécrivez la dernière phrase au présent de l'indicatif.

On dit que l'eau couvre les deux tiers de la surface de la Terre. C'*es* / *est* vraiment l'impression que l'on a quand on *es* / *est* en mer, et la sensation aussi. Eau de mer, eau de pluie, tout *es* / *est* / *sont* mouillé. La plupart du temps, j'*étais* / *était* trempé jusqu'aux os.

Michael Morpurgo, *Le Royaume de Kensuké*, © Gallimard Jeunesse, 2000.

→ ....

71 Les temps composés de l'indicatif

Accorder le participe passé employé avec l'auxiliaire *être*

Le **participe passé employé avec l'auxiliaire *être*** s'accorde en genre et en nombre **avec le sujet**.

Exemple **La récolte** était **achevée**.
sujet — féminin singulier ; participe passé — féminin singulier

L'emploi de l'auxiliaire *être* à la voix passive impose également l'accord du participe passé avec le sujet.

Exemple **Les portes** ont été ferm**ées** par le gardien.

Le participe passé s'accorde également en genre et en nombre avec le sujet quand il est employé avec des verbes d'état *(sembler, devenir, paraître, rester, demeurer...)*.

14 * Entourez le sujet. Soulignez chaque participe passé.

a. Un accord international est conclu.
b. Les tigres semblent endormis.
c. Où est passée Héloïse ?
d. Vous paraissez étonnés.

15 ** Soulignez l'orthographe qui convient.

a. Alice, es-tu *venu / venue* hier ?
b. Les filles sont *inscrits / inscrites* au judo.
c. Ils seront *accueillis / accueilli* avec joie.
d. Lou et Thaïs semblaient très *déçue / déçues*.
e. Elle est *demandé / demandée* à l'accueil.
f. Tes cousins étaient *ravi / ravis*.
g. Ces plats sont *servis / servies* chauds.
h. Il est *rentré / rentrés* tôt.

16 ** Complétez, si nécessaire, avec la terminaison qui convient : *-e • -s • -es*.

a. Les lettres semblent avoir été ouvert.......... la veille.
b. La grève avait été annoncé.......... depuis une semaine.
c. Les journaux ont été distribué.......... par le service commercial.
d. Vos amies avaient été reçu.......... par le directeur du club.
e. Ce suspect aura-t-il été convoqué.......... au commissariat ?

17 * Soulignez les participes passés employés avec l'auxiliaire *être*. Réécrivez le passage en gras au pluriel.**

Mais l'odeur est passée, la lumière du crépuscule s'est ternie, quand le soleil a disparu derrière les nuages accrochés aux collines. Alors tout s'est défait.

Jean-Marie Gustave Le Clézio, *Villa Aurore*, © Gallimard Jeunesse, 1999.

→ ....

Accorder le participe passé employé avec l'auxiliaire *avoir*

Employé avec l'**auxiliaire *avoir***, le participe passé **ne s'accorde jamais** avec le sujet.

Exemples La fleur a fané. Les enfants ont joué.

Employé avec l'**auxiliaire *avoir***, le participe passé **s'accorde avec le COD** quand celui-ci est **placé avant**.
Dans ce cas, le COD peut surtout être :
- ➔ un pronom personnel ;
- ➔ un pronom relatif.

Exemples Ces livres sont passionnants et je **les** ai lu**s** cet été.
Ces livres **que** j'ai lu**s** cet été sont passionnants.

18 ** **Le participe passé est-il employé avec l'auxiliaire *avoir* ?**

	OUI	NON
a. L'enfant intimidé est devenu tout rouge.	○	○
b. Pourvu qu'il ait réussi ses examens !	○	○
c. Sa sœur était partie en vacances.	○	○
d. Avez-vous choisi une destination pour vos vacances ?	○	○

19 *** **Soulignez les COD. Accordez les participes passés si nécessaire.**

a. La promesse que tu as fait............ n'engage que toi.

b. J'ai fait............ la promesse de venir.

c. Ces peintures, je les ai regardé............ des dizaines de fois.

d. Vous avez acheté............ des places de concert et vous nous les avez offert............ .

20 *** **Réécriture • Réécrivez le texte en remplaçant** « moufles » **par** « gants ». **Faites toutes les modifications nécessaires.**

Il respira de nouveau, profondément, et soudain il s'aperçut qu'il portait aux mains ses grosses moufles d'hiver, celles qu'il avait petit garçon. Il les avait perdues un jour et ne les avait jamais retrouvées.

Jean-Claude Mourlevat, *La Rivière à l'envers*, tome I « Tomek »,
© Pocket Jeunesse, 2000.

....

....

....

....

Bilan Les temps composés de l'indicatif

Fiches 67 à 72
• Comprendre la correspondance des temps • Conjuguer aux temps composés • Réviser la conjugaison de *être* et *avoir* • Accorder le participe passé employé avec les auxiliaires *être* et *avoir*

J'emploie les temps composés

21 ** En vous aidant du temps de l'auxiliaire, indiquez à quel temps composé est conjugué chaque verbe.

a. Il a accepté de présenter l'exposé à l'oral.

→ ……………………………………

b. Elle aura eu raison de ne pas te croire.

→ ……………………………………

c. Nous avions décidé de venir tous ensemble.

→ ……………………………………

d. J'eus vite fait d'apprendre à lire.

→ ……………………………………

22 ** Réécrivez ces phrases au temps composé correspondant.

a. Tu joues au mikado avec précision.

→ ……………………………………

b. Hier, ils annulaient la réunion.

→ ……………………………………

c. Enfin, l'écureuil les mangea.

→ ……………………………………

d. Nous demanderons notre chemin.

→ ……………………………………

23 ** Mettez le verbe au temps demandé.

a. *Plus-que-parfait* → Son nouveau-né …………… …………… *(faire)* sa première nuit.

b. *Passé composé* → Il …………… *(se blesser)* au genou.

c. *Futur antérieur* → Ainsi, vous …………… …………… *(démontrer)* ce théorème.

d. *Passé antérieur* → En un mois, il …………… …………… *(dépenser)* toute sa fortune.

24 * Mettez les verbes au plus-que-parfait.**

Hanin …………… *(trouver)* une place dans un convoi de marchands itinérants. Après huit jours d'un éprouvant voyage, le chariot …………… *(arriver)* aux abords de la Cité. Paris la belle, Paris dont il …………… tant …………… *(entendre)* parler et dont il …………… tant …………… *(rêver)*, était à portée de regard.

Anne Pouget-Tolu, *Les Brumes de Montfaucon*, © Casterman, 2005.

Je révise la conjugaison de *être* et *avoir*

25 * Quel est le verbe employé dans ces phrases ?

	ÊTRE	AVOIR
a. J'ai plusieurs frères.	○	○
b. Elle fut ravie de le voir.	○	○
c. Tu es mon meilleur ami.	○	○
d. Il eut quelques difficultés à trouver une place.	○	○

26 * Complétez le tableau.

	être	avoir
Présent	il ……………	elles ……………
Imparfait	j'……………	nous ……………
Passé simple	tu ……………	vous ……………
Futur simple	ils ……………	on ……………

27 ** À quel temps composé les verbes sont-ils employés ?

a. Elle est revenue à pied. → ……………

b. Je l'ai déjà inscrit. → ……………

c. Ils furent vite tombés. → ……………

d. Serez-vous rentrés ? → ……………

e. Cela les avait enchantées. → …………… ……………

J'accorde le participe passé employé avec *être* et *avoir*

28 * **Soulignez le sujet du verbe.**

a. Mes sœurs et ma mère sont arrivées à la gare.

b. Tes amis et ton frère seront inscrits dans le même groupe.

c. Les jardins étaient fleuris tout l'été.

d. La petite chaise jaune sera repeinte en bleu.

29 * **Le COD est placé avant le participe passé.**

	VRAI	FAUX
a. La tarte que j'ai cuisinée est délicieuse.	○	○
b. J'ai cuisiné une tarte délicieuse.	○	○
c. Cette tarte délicieuse, je l'ai cuisinée !	○	○

30 ** **Choisissez la terminaison qui convient :** *-e • -s • -es.*

a. Les résultats qu'elles ont obtenu.......... sont exceptionnels !

b. Où avez-vous trouvé ces bandes dessinées que j'ai dévoré............... ?

c. Cette histoire est inventé............. !

31 *** **Accordez les participes passés.**

a. Ces fraises ? Nous les avons .... *(ramasser)* dans le jardin.

b. La fête est .... *(organiser)* avec beaucoup de succès.

c. Les classes que le professeur a .... *(inscrire)* doivent se présenter à l'heure.

d. Les films que le cinéma a .... *(programmer)* sont .... *(connaître)* pour être des chefs-d'œuvre.

e. Les vêtements que nous avons .... *(recycler)* seront .... *(vendre)* au profit d'une association.

f. Ta lettre ? Tes parents l'ont.................*(relire)* et .... *(garder)* précieusement.

À l'écrit

32 ** Écriture • **Écrivez votre journal de bord. Vous êtes sur un bateau et décrivez ce que vous voyez lors de votre voyage en mer.**
Vous emploierez différents temps composés.

33 ** Réécriture • **Réécrivez cette phrase au passé en commençant par** « Le feu fut vite allumé ».

Le feu est vite allumé, car il y a une grande quantité de bûches : ils l'ont attisé en soufflant dessus de tous côtés, puis ont posé les brochettes sur la braise que les tisons ont laissée.

Le Roman de Renart, coll. « Classiques et patrimoine », © Magnard, 2016.

....

....

....

....

....

....

34 *** Dictée • **Écrivez la dictée lue par votre enseignant-e.**

....

....

....

....

....

....

....

....

....

....

Jules Verne, *Vingt mille lieues sous les mers*, 1870.

À l'oral

35 ** **Vous avez organisé une fête d'anniversaire pour un-e ami-e. Racontez avec précisions les préparatifs de cette fête.**
Vous emploierez des temps composés.

Conjuguer au présent du conditionnel

Pour conjuguer au **présent du conditionnel**, on ajoute au **radical le « r » du futur** et **les terminaisons de l'imparfait** (voir leçons 59 et 63).

Les irrégularités sont donc les mêmes qu'au futur :
- → le *-y-* des verbes en *-yer* est remplacé par *-i-* ;
- → les verbes *courir, mourir* prennent deux « r ».

Exemples essayer → j'essaierais • courir → nous courrions

Quelques verbes fréquents changent de radical.

Exemples il irait *(aller)*, il saurait *(savoir)*, il ferait *(faire)*, il faudrait *(falloir)*, il tiendrait *(tenir)*, il verrait *(voir)*...

La formation du présent du conditionnel

radical du verbe + (e) r + -ais, -ais, -ait, -ions, -iez, -aient

1 * **Complétez le tableau.**

	Futur	Imparfait	Présent du conditionnel
essayer	elles essaieront		
connaître			je connaîtrais
sourire		tu souriais	
accomplir	elle accomplira		
soutenir			vous soutiendriez

2 ** **Complétez chaque phrase avec un verbe de votre choix au présent du conditionnel.**

a. Ce n'est pas moi qui .... le contraire.

b. Ce n'est pas elle qui .... ainsi.

c. ....vous à vous installer là-bas ?

d. Eux, ils .... cela pour nous !

3 *** **Réécriture • Réécrivez le texte au présent du conditionnel.**

Les hommes naîtront des larmes de son œil et les dieux de la salive de ses lèvres. Moi, Neith, je le rendrai habile et fort. Il régnera sur ce pays à jamais. Je le protégerai entre mes bras et nul mal ne l'atteindra. Son nom sera Khépri [...].

Viviane Koenig, *Dieux et génies de l'Égypte ancienne*,
© Le Livre de Poche Jeunesse, 2004.

....

....

....

....

Employer le conditionnel

Le **conditionnel** fait partie des temps de l'indicatif. Il a des valeurs modales lorsqu'il exprime **un fait qui pourrait ou aurait pu avoir lieu.**

Exemple Tu l'aurais cru ?

On l'utilise pour :
1. donner une **information incertaine**, non vérifiée ;
2. faire parler l'**imaginaire**, dans un jeu par exemple ;
3. exprimer une demande, par **politesse**.

Exemples 1. Il hésiterait à lui parler.
2. Nous irions jusqu'au centre de la terre.
3. Pourriez-vous m'accorder un instant ?

4 ** Soulignez les verbes. Mettez-les au conditionnel pour rendre ces informations incertaines.

a. Vous attendrez le résultat de l'entrevue pour prendre une décision. → ....

b. Les négociations auront abouti après plusieurs interruptions de séance. → ....

c. Les premières dames rejoindront leur époux pour un dîner de gala. → ....

d. Les personnes présentes ce jour-là feront l'objet d'une enquête. → ....

5 * Associez chaque phrase à la valeur du conditionnel.**

a. Une dépêche nous annonce que le président serait souffrant. •
b. Auriez-vous la gentillesse de parler moins fort ? •
c. Peut-être devriez-vous accepter son aide. •
d. Tu gagnerais le tournoi et je t'accorderais une danse. •
e. Le groupe légendaire préparerait un nouvel album. •
f. Nous prendrions notre fusée et nous irions chez les Martiens. •

• information incertaine
• politesse
• imaginaire, jeu

6 * Soulignez les verbes conjugués au conditionnel. Précisez leur valeur.**

En tout cas mon absence deviendrait vite naturelle. Ils joueraient des dizaines de matches de basket sans moi. Ils verraient des tas de films sans moi. Ils auraient des milliers d'heures de conversation sans moi. Ils m'oublieraient peu à peu. Et à mon retour dans un an, j'aurais manqué tellement de choses que je ne serais plus dans le coup.

Jean-Claude Mourlevat, *La Balafre*, © Pocket Jeunesse, 1998.

→ ....

....

Conditionnel, impératif et subjonctif

75 Conjuguer à l'impératif

L'**impératif** est un mode qui ne compte que trois personnes (la 2e pers. du singulier, les 1re et 2e pers. du pluriel).
Les pronoms personnels sujets ne sont pas exprimés.
La conjugaison du **présent de l'impératif** est la même que celle du présent de l'indicatif, pour les 2e et 3e groupes.

Exemples finis, finissons, finissez
sors, sortons, sortez

Au 1er groupe et avec *aller*, on ne met pas de -s à la 2e personne du singulier.

Exemples Range ta chambre !
Va au cinéma.

Certains verbes sont irréguliers : *être, avoir, savoir, vouloir...*

Exemples sois, ayez, sache, veuillez ...

L'impératif

1er groupe	2e et 3e groupes
-e	*-s*
-ons	*-ons*
-ez	*-ez*

7 * Mettez à l'impératif les verbes entre parenthèses.

a. .... *(sortir)* vos cahiers.

b. .... *(aller)* te brosser les dents.

c. .... *(aller)* nous cacher !

d. .... *(cesser)* de vous chamailler !

8 ** Complétez chaque phrase avec un verbe de votre choix.

a. ....-moi dès que tu arrives.

b. .... nos prochaines vacances.

c. ....-vous pour la compétition.

d. .... tranquille, tu n'as rien à craindre.

9 ** Complétez ce tableau en mettant les verbes au présent de l'impératif.

	agir	admettre	avoir
2e pers. du singulier	agis	....	....
1re pers. du pluriel	....	admettons	....
2e pers. du pluriel	....	....	ayez

10 * Soulignez les sept verbes à l'impératif. Indiquez leur personne et leur infinitif.**

SCAPIN. – [...] Eh ! Messieurs, ne me maltraitez point – Allons, dis-nous où il est. Parle. Hâte-toi. Expédions. Dépêche vite. Tôt.

Molière, *Les Fourberies de Scapin*, Acte III, scène 4, 1671.

1. ....
2. ....
3. ....
4. ....
5. ....
6. ....
7. ....

Employer l'impératif

L'**impératif** est le mode privilégié pour donner un **ordre** ou un **conseil**. On trouve souvent des verbes à l'impératif dans des phrases injonctives.

Exemple **Prenez** vos cahiers de mathématiques.
prendre au présent de l'impératif, 2e pers. du pluriel

À l'impératif, le pronom personnel COD se place après le verbe.

Exemple Range <u>ta chambre</u>. → Range-<u>la</u>.

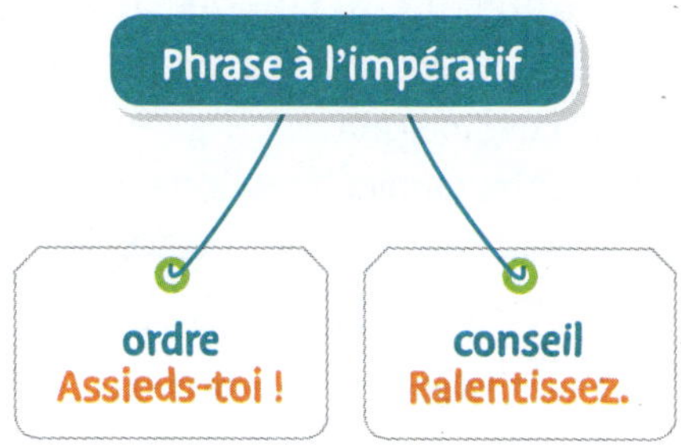

11 ** Transformez ces phrases complexes en phrases simples à l'impératif.
Ex : Je veux que vous vous habilliez. → Habillez-vous.

a. Il faut que tu reviennes avant 16 heures. → ....

b. Nous demandons à ce que vous partiez avant la fermeture. → ....

c. Je veux que tu promènes le chien. → ....

12 ** Précisez si ces phrases à l'impératif donnent un ordre ou un conseil.

a. Ne t'inquiète pas, tout va s'arranger. •
b. Essuyez-vous les pieds avant d'entrer ! •
c. Tiens-moi bien la main pour ne pas tomber. •
d. Tiens-toi tranquille. •

• un ordre
• un conseil

13 * Réécriture • Réécrivez cette recette à la 2e pers. du singulier du présent de l'impératif.**

Prendre des légumes de saison. Les rincer et les tailler en petits dés. Battre trois œufs frais. Les mélanger aux légumes. Cuire le tout dans un four préchauffé à 200°.

....
....
....
....

14 * Mettez les verbes indiqués à la 2e personne du singulier du présent de l'impératif.**

.... pas ci, ... pas ça *(faire)*
.... ici, ...-toi là *(venir/se mettre)*
Attention .... pas froid *(prendre)*
Ou sinon gare à toi
.... ta soupe, allez, ...-toi les dents
(manger/se brosser)
.... pas ça, ... dodo *(toucher/faire)*
.... papa, ... maman [...] *(dire)*

Jacques Lanzmann, « Fais pas ci, fais pas ça », 1968.

Conjuguer au présent du subjonctif

Le **présent du subjonctif** se construit :
– le plus souvent avec le radical de la 1re personne du pluriel du présent de l'indicatif ;
– et avec les terminaisons *-e, -es, -e, -ions, -iez, -ent* (les mêmes pour tous les verbes, sauf *avoir* et *être*).

Exemples qu'il ramass**e**, qu'elle voi**e**, que nous rend**ions**, que vous finiss**iez**

Certains verbes du 3e groupe ont un radical différent au subjonctif.

Exemples *venir* → qu'elle vienne, *savoir* → qu'ils sachent, *avoir* → qu'il ait, *être* → que vous *soyez*

Dans un tableau de conjugaison, on reconnaît le subjonctif à la conjonction *que* qui précède le sujet et le verbe.

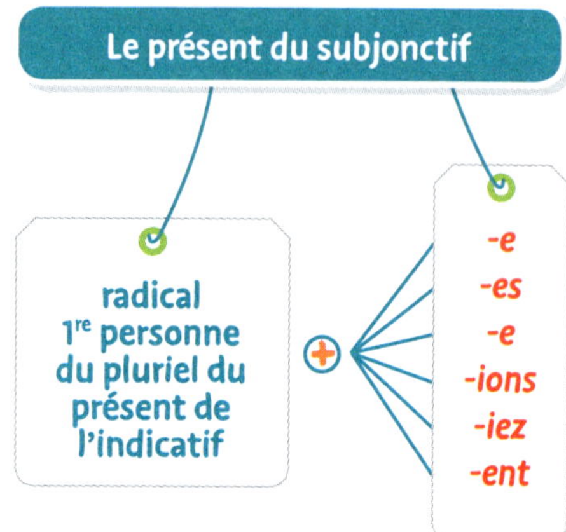

15 * Retrouvez l'infinitif de chaque verbe au présent du subjonctif.

a. Je voudrais qu'ils **partent** vite. → ....

b. Je souhaite qu'il **tienne** bon ! → ....

c. Qu'elle **appelle** avant de venir. → ....

d. Il faut qu'elle **sache** la vérité. → ....

e. Qu'il **prenne** une douche ! → ....

f. Tu aimerais qu'ils **puissent** venir. → ....

16 ** Les verbes en gras sont-ils au présent du subjonctif ?

	OUI	NON
a. Ce livre, je ne crois pas qu'il t'**appartienne**.	○	○
b. Rends-moi ce livre qui m'**appartient**.	○	○
c. Vite ! Il faut que nous **attrapions** notre train !	○	○
d. Tu veux qu'il **ait** du succès !	○	○
e. Il a beaucoup de succès : il **est** très connu.	○	○

17 ** Complétez chaque phrase avec un verbe de votre choix au présent du subjonctif.

a. Il faut qu'elle .... ses devoirs.

b. Qu'il .... : tout est parfait.

c. Crois-tu qu'ils .... aller au parc ?

d. Je ne veux pas qu'il .... confiance.

18 * Mettez au présent du subjonctif les verbes indiqués.**

[…] Que déjà je .... *(se lever)*
Et que j'.................. *(avoir)* cette envie d'eau froide
Pour ma nuque et pour mon visage,
Que je .... *(regarder)* avec envie
L'abeille en grand travail
Et que je la .... *(comprendre)* […]

Eugène Guillevic, *Terre à bonheur*, © Seghers, 2004.

Employer le présent du subjonctif

Le mode **subjonctif** exprime l'**action envisagée**.

En proposition indépendante, il exprime l'ordre.

Exemple Qu'elle vienne !

En proposition subordonnée, il s'emploie après des verbes
- → de volonté, de souhait ;
- → de sentiments, de jugement.

Exemples Je veux **qu'elle vienne.**
Cela m'étonnerait **qu'elle vienne.**

Employer le présent du subjonctif
après des verbes ou des tournures qui expriment

- **la volonté, le souhait** — Elle souhaite qu'il dise vrai.
- **un sentiment, un jugement** — Je ne suis pas sûre que vous m'aimiez toujours.

19 * Mettez les verbes entre parenthèses au subjonctif présent.

SGANARELLE. – […] Ainsi, Messieurs et Mesdames, quoique tous vos conseils ………… *(être)* les meilleurs du monde, vous trouverez bon, s'il vous plaît, que je n'en ………… *(suivre)* aucun. Voilà de mes donneurs de conseils à la mode.

Molière, *L'Amour médecin*, 1665.

20 ** Imaginez la fin de chaque phrase en employant un verbe au subjonctif.

a. Je veux que tu …………

b. Mes parents aimeraient que je …………

c. Il ne faut pas que nous …………

21 ** Associez chaque phrase à la valeur exprimée par le subjonctif.

a. Il regrette que tu ne l'attendes pas. •	• un souhait
b. Je doute qu'il pleuve. •	• un ordre
c. Qu'il cesse immédiatement ! •	• un sentiment
d. On souhaite qu'il parvienne à ouvrir cette porte. •	• un jugement

22 * Entourez les formes verbales au subjonctif.**

CATHOS. – […] le nom de Polyxène, que ma cousine a choisi, et celui d'Aminte, que je me suis donné, ont une grâce, dont il faut que vous demeuriez d'accord.

GORGIBUS. – Écoutez ; il n'y a qu'un mot qui serve. Je n'entends point que vous ayez d'autres noms, que ceux qui vous ont été donnés par vos parrains et marraines, et pour ces Messieurs, dont il est question je connais leurs familles et leurs biens, et je veux résolument que vous vous disposiez à les recevoir pour maris.

Molière, *Les Précieuses ridicules*, scène 4, 1660.

Bilan Conditionnel, impératif et subjonctif

Fiches 73 à 78
- Conjuguer au conditionnel
- Employer le conditionnel
- Conjuguer à l'impératif
- Employer l'impératif
- Conjuguer au présent du subjonctif
- Employer le présent du subjonctif

J'emploie le présent du conditionnel

23 * Entourez les formes verbales conjuguées au présent du conditionnel.

a. je viendrai • tu viendrais • elle venait

b. nous aurions • nous avons • nous avions

c. il ferait • il faisait • il fait

24 ** Mettez les verbes au présent du conditionnel.

a. Quelques ondées ....(pouvoir) perturber l'épreuve.

b. La pluie .... (obliger) les coureurs à la prudence.

c. Il .... (suffire) de quelques degrés supplémentaires et nous .... (avoir) des conditions idéales.

25 ** Précisez les valeurs d'emploi du conditionnel dans ces phrases.

a. On dirait que tu serais chef de la police de la terre entière. → ....

b. On dirait qu'il va pleuvoir.

→ ....

c. Le ministre aurait refusé une augmentation du prix du lait.

→ ....

d. Me tiendriez-vous la porte, s'il vous plaît ?

→ ....

26 * Entourez les verbes au conditionnel.**

– Non, non, répétai-je, non, je ne parlerai pas ! Il voudrait y aller, je le connais ; rien ne saurait l'arrêter. C'est une imagination volcanique, et, pour faire ce que d'autres géologues n'ont point fait, il risquerait sa vie. Je me tairai ; je garderai ce secret dont le hasard m'a rendu maître !

Jules Verne, *Voyage au centre de la Terre*, 1864.

J'emploie le présent de l'impératif

27 * Mettez les verbes à la 2e personne du singulier de l'impératif.

essayer : .... • deviner : ....

savoir : .... • prendre : ....

être : .... • écrire : ....

28 * Réécrivez ces phrases au présent de l'impératif à la 2e personne du singulier.

a. Qu'il se taise ! → ....

b. Qu'elle cesse de s'agiter !

→ ....

c. Qu'il ne parte pas ! → ....

d. Qu'elles m'écrivent ! → ....

29 ** Soulignez les quatre verbes au présent de l'impératif. Donnez leur infinitif.

Délivrez les prisonniers, ne saccagez plus les récoltes de vos paysans. Soulagez le peuple de ses taxes et de ses corvées. Soyez bon sire !

Alain Surget, *Le Renard de Morlange*, © Nathan, 1995.

→ ....

30 ** Réécriture • Réécrivez à la 2e personne du singulier les verbes à l'impératif.

SCAPIN. – […] Allons, tâchons à trouver ce Géronte, cherchons partout. N'épargnons point nos pas. Courons toute la ville. N'oublions aucun lieu. Visitons tout. Furetons de tous les côtés. Par où irons-nous ? Tournons par là.

Molière, *Les Fourberies de Scapin*, 1671.

→ ....

....

....

31 ** **Soulignez les verbes à l'impératif, puis complétez le tableau.**

a. Restez derrière la ligne.

b. Méfiez-vous, cet animal est un félin.

c. Ne poussez pas votre adversaire.

d. Passe un bon weekend.

Défense	phrase	Souhait	phrase ....
Conseil	phrase	Ordre	phrase ....

J'emploie le présent du subjonctif

32 * **Choisissez la forme verbale qui convient.**

a. Je préfère qu'il me le *dit / dise*.

b. Qu'elle *reprenne / reprend* rendez-vous.

c. Ils veulent que tu *sois / es* ponctuel.

d. Il faut que vous *sortez / sortiez* avant midi.

33 ** **Mettez les verbes au présent du subjonctif.**

faire → Qu'il .... attention.

punir → Que nous .... le coupable.

vouloir → Qu'elle .... venir.

pouvoir → Que tu .... réussir.

34 ** **Réécrivez ces phrases en utilisant le présent du subjonctif.**

a. Il faut prévenir mes parents.

→ Il faut que ....

b. Il veut l'attention de ses élèves.

→ Il veut que ....

c. Je doute de sa présence demain.

→ Je doute qu'..

35 *** **Soulignez les verbes au présent du subjonctif. À l'oral, expliquez la composition de la forme verbale en gras.**

Il n'y a point d'endroit […] où je ne vous **aie vue** ; il n'y en a point qui ne me fasse souvenir de quelque chose de quelque manière que ce soit […].

Madame de Sévigné, *Lettre à Mme de Grignan*, 1671.

À l'écrit

36 * **Écriture • Proposez dix règles à respecter dans une salle de cours.** Rédigez-les à la 2e personne du singulier du présent de l'impératif.

37 ** **Réécriture • Choisissez cinq des règles que vous avez inventées à l'exercice 35 et réécrivez-les à la 3e personne du présent du subjonctif.**

....

....

....

....

....

38 *** **Réécrivez la proposition soulignée à l'impératif, puis au conditionnel.**

a. Je souhaite <u>que tu viennes chez moi</u>.

Impératif : ....

Conditionnel : ....

b. Je souhaite <u>que vous portiez mon sac</u>.

Impératif : ....

Conditionnel : ....

39 *** **Dictée • Écrivez la dictée lue par votre enseignant-e.**

....

....

....

....

....

....

....

....

Lewis Carroll, *De l'autre côté du miroir*, 1872.

À l'oral

40 ** **Pour la nouvelle année, présentez à l'oral vos vœux à un-e ami-e en utilisant le présent du subjonctif.**

79 Les relations entre les mots

Reconnaître des mots issus du grec

De nombreux mots français sont composés d'un ou plusieurs éléments **issus du grec**. Les reconnaître permet d'enrichir son vocabulaire. Ces éléments peuvent se trouver au début ou à la fin du mot.

Exemples *biblio-* (livre) → **biblio**thèque
-algie (douleur) → névr**algie**

Certains éléments peuvent commencer ou finir le mot.

Exemples *grapho- / -graphe / -graphie* (écrit)
→ **grapho**logie, ortho**graphe**

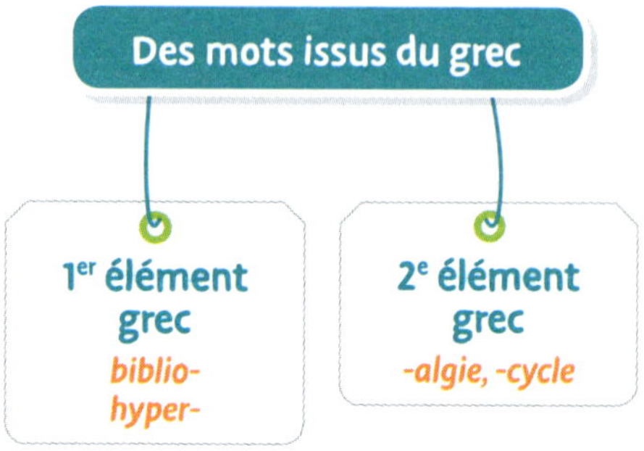

1 Retrouvez au moins cinq mots construits sur l'élément *grapho-/-graphie/-graphe*.

→ ....

2 Complétez ces phrases en retrouvant l'élément qui convient.

a. Peux-tu me prêter ton ....phone ?
b. Ovide a écrit les *Méta*..........
c. Pour calculer la vitesse de ta course, prends un ....mètre.
d. L'air est composé d'oxy.......... et d'hydro..........

3 À l'aide des mots suivants, retrouvez le sens de chaque élément.

a. **géo**logie • **géo**graphie • **géo**thermie •
b. **thermo**mètre • **thermo**stat • iso**therme** •
c. dia**logue** • pro**logue** • mono**logue** •
d. **phil**atélie • biblio**phile** • **phil**anthrope •

• ami
• terre
• chaleur
• discours

4 Retrouvez les mots issus du grec dont voici les définitions.

a. Appareil permettant de changer les chaînes de télévision à distance. → ....
b. Ouvrage dans lequel un auteur raconte sa propre vie. → ....
c. Succession dans le temps des événements historiques. → ....

5 Complétez le texte avec les mots suivants composés d'éléments issus du grec.

microscope • archéologue • aéroport • nécropole • dictaphone • télégramme

Indiana Jones, le célèbre professeur .... a reçu un .... lui annonçant la découverte d'une .... Immédiatement, il se rend à l'........... Arrivé sur place, il enregistre à l'aide de son .... toutes ses observations. Ensuite, il sélectionne des échantillons qu'il analysera au ....

Reconnaître des mots issus du latin

Le **latin** a permis la formation de nombreux mots français. Les éléments latins se trouvent le plus souvent au début du mot.

Exemples ***sub****merger* du latin *sub-* : sous
ob*stacle* du latin *ob-* : au-devant, contre

Des mots français sont empruntés totalement au latin.

Exemple ***Virus*** du latin *virus* : venin, poison

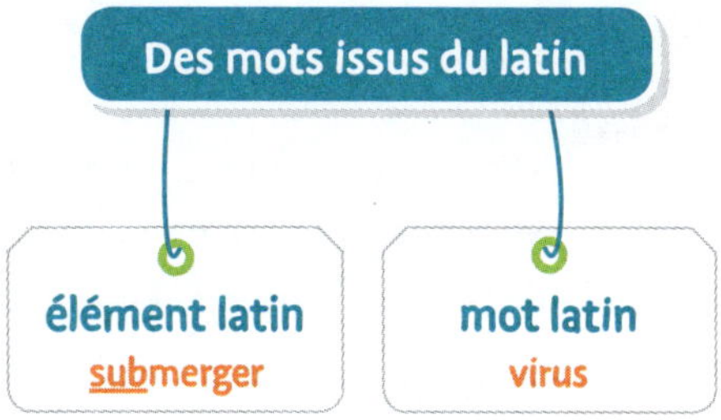

6 ** **Associez chaque liste au mot latin dont elle est issue. Retrouvez le sens du mot latin.**

a. domicile • domaine • domestique •	• *carne* •	• eau
b. carnivore • incarner • carnassier •	• *domus* •	• souffle
c. respirer • esprit • spirituel •	• *aqua* •	• maison
d. aquarium • aquatique • aquaculture •	• *spiritum* •	• chair

7 ** **Trouvez trois mots français à partir de l'élément latin et de sa signification.**

a. *-voc-* (voix) → ....

b. *-vor-* (manger) → ....

c. *omni-* (tout) → ....

8 ** **Retrouvez le sens de l'élément latin à partir de ces listes de mots.**

a. *alter-* : alterner, altruisme → ....

b. *-vid- / -vis-* : vidéo, visible, vision → ....

c. *-spect-* : spectacle, inspecter → ....

d. *ex-* : extérieur, extraire → ....

9 *** **Retrouvez des mots français construits à partir de chaque mot latin en gras. Aidez-vous de la traduction du texte.**

Juppiter, Saturni **filius**, deorum **hominum**que **pater**, **caelum** et **terram imperio** regebat.

Henri Lantoine, *Abrégé de l'Histoire grecque*, © Armand Colin, 1914.

Jupiter, fils de Saturne, père des dieux et des hommes, gouvernait le ciel et la terre.

filius : .... • *hominum* : ....

pater : .... • *caelum* : ....

terram : .... • *imperio* : ....

Comprendre la polysémie

La **polysémie** désigne le fait qu'un mot possède **plusieurs sens**. Le dictionnaire classe les différents sens d'un mot du plus évident (le **sens propre**) au plus imagé (le **sens figuré**).

Exemple *clé* (nom féminin)
Sens propre : instrument servant à ouvrir une serrure.
Sens figuré : ce qui permet de comprendre.

Les mots polysémiques permettent de créer des **jeux de mots**.

Exemple « Il **buvait** toutes mes paroles, et comme je parlais beaucoup, à un moment, je le vois qui titubait… »
(**Raymond Devos**, extrait du sketch « Supporter l'imaginaire »)

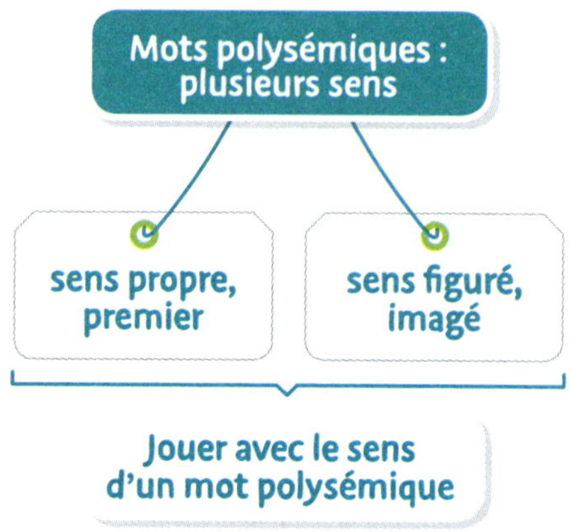

10 ✱ **Indiquez si le mot en gras est employé au sens propre ou au sens figuré.**

	SENS PROPRE	SENS FIGURÉ
a. Elle **nage** dans le bonheur !	○	○
b. Aujourd'hui, tu as mauvaise **mine**.	○	○
c. Après le repas, je prends un **bol** d'air.	○	○
d. La **mine** de mon crayon s'est cassée.	○	○

11 ✱ **Complétez ces expressions avec un mot désignant un animal.**

a. Avoir une faim de …………………………………….
b. Avoir un ………………………… dans la gorge.
c. Être le ……………………………… de la farce.
d. Poser un …………………………………………… .
e. Avoir la chair de ……………………………………… .
f. Mettre la ………………………………… à l'oreille.

12 ✱✱ **Complétez par propre ou figuré, puis retrouvez le mot polysémique correspondant.**

a. Sens ……………… : petit mammifère rongeur voisin du rat. → ……………………
Sens ……………… : petit boîtier connecté à un ordinateur.
b. Sens ……………… : petit fruit rouge. → ……………………
Sens ……………… : collerette portée par les hommes et les femmes au XVIe siècle.

13 ✱✱✱ **Dans ce texte, donnez la définition qui convient des mots polysémiques en gras.**

Derrière mes **lentilles**, ……………………………………
Au **rayon** des nouveautés, ……………………………………
Une longue fille,
Elle regarde les **savates** ……………………………………
Et puis finalement
Elle me dit qu'elle convoite
Les **mules** en serpent. ……………………………………

Thomas Fersen, *Le Chat botté*, © Bucéphale, 2003.

82 Les relations entre les mots

Employer la comparaison et la métaphore

La **comparaison** et la **métaphore** sont des figures de style qui reposent sur la ressemblance entre deux éléments.

→ **La comparaison** associe un élément (1) à un autre (2), à l'aide d'un **terme comparatif**. la conjonction *comme*, les adjectifs *semblable*, *identique*, le verbe *ressembler (à)*... sont des mots qui introduisent une comparaison.

Exemple « <u>L'épouse de Ling</u> était frêle *comme* <u>un roseau</u>. »
(1) comparé — terme comparatif — (2) comparant

(Marguerite Yourcenar)

→ **La métaphore** met en relation deux mots qui ont une ressemblance, sans outil de comparaison.

Exemple Mon <u>frère</u> a un appétit d'<u>ogre</u>.
(1) comparé — (2) comparant

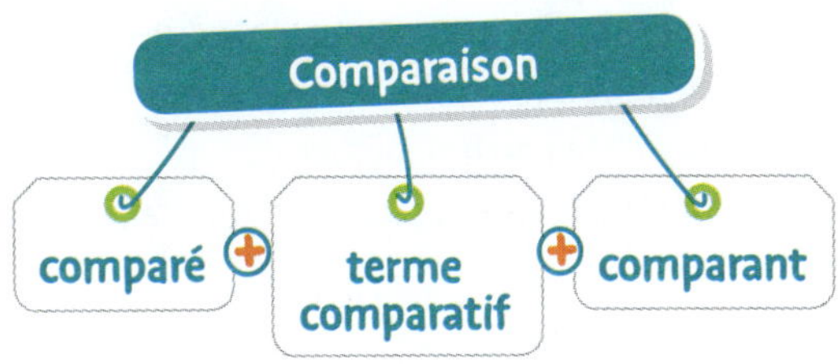

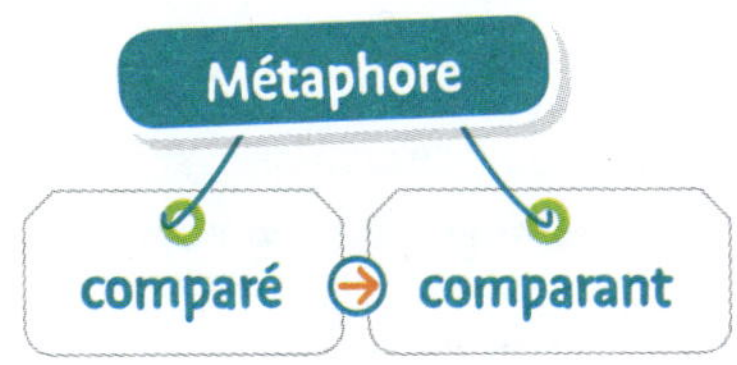

14 * **Complétez ces expressions avec le comparé qui convient :** *les blés • un singe • le lys • un rossignol • une sirène.*

chanter comme .... • être blond(e) comme .... • nager comme .... • avoir la peau blanche comme .... • être malin comme ....

15 ** **Indiquez la nature de l'outil de comparaison souligné.**

a. Le voyage de Marco Polo <u>ressemble à</u> un conte merveilleux. •
b. Le courage de Lancelot est <u>comparable à</u> celui d'Arthur. •
c. Yvain se bat <u>comme</u> un lion se défendrait. •

• conjonction
• adjectif
• verbe

16 ** **Associez la métaphore animale à sa définition.**

un renard •
un ours •
un mouton •
un perroquet •

• Personne qui répète ce que disent les autres
• Personne solitaire et bourrue
• Personne qui se laisse diriger
• Personne rusée

17 ** **Complétez le texte avec des métaphores.**

Cette année encore, le président du jury, dans ...., annonça .... devant .... Sous un .... et devant .... enthousiastes, Marion C est devenue .... du cinéma français.

Distinguer homophones et homographes

Les **homophones** sont des mots différents qui se prononcent de la même manière mais qui ont des orthographes différentes. Pour orthographier correctement les homophones, il faut faire attention au contexte.

Exemples un **ver** de terre, un **verre** d'eau

Les **homographes** sont des mots différents qui ont la même orthographe. S'ils se prononcent de la même façon, ce sont des **homographes homophones**.

Exemples Je connais ce **résident**.
Ils **résident** dans mon immeuble.

Les homophones
- même prononciation
- orthographes différentes

l'aire du carré / l'ère chrétienne

Les homographes

non homophones
- prononciation différente
- même orthographe

les fils (enfants) les fils (à coudre)

homophones
- même prononciation
- même orthographe

nous avions / les avions

18 ** **Pour distinguer ces homophones, soulignez l'orthographe qui convient.**

a. Connais-tu la fable intitulée « Le Pot de *terre / taire* et le Pot de *fer / faire* » ?

b. Elle *doigt / doit* terminer son devoir *cent / sang / sans* tarder.

c. Combien de *fois / foi* avez-vous visité la tour Eiffel ?

d. Je te retrouve sur le *cours / cour / court* de tennis *où / ou* à la piscine ?

e. *Mes / Mets / Mais* il porte une nouvelle *pair / paire* de chaussures !

19 ** **Soulignez les homographes. Surlignez le mot qui est à la fois homographe et homophone.**

a. Il est trop fier pour que l'on puisse se fier à lui.

b. L'enfant est content que les professeurs lui content des histoires.

c. Elles excellent à réaliser cet excellent pot-au-feu !

d. Le mousse nettoie la mousse de la coque du navire.

e. Il est parti dans l'est de la France.

20 *** **Ce poème joue-t-il sur des homophones ou des homographes ? Précisez à l'oral le sens de chaque mot en gras.**

Il y a le **vert** du cerfeuil
Et il y a le **ver** de terre
Il y a l'endroit et l'envers
L'amoureux qui écrit en **vers**
Le **verre** d'eau plein de lumière,
La fine pantoufle de **vair**
Et il y a moi, tête en l'air,
Qui dis toujours tout de travers.

Maurice Carême, *Le Mât de cocagne*, © Les éditions ouvrières, 1963.

→ ....

84 Les relations entre les mots

Distinguer des homophones (on / ont – ce / se)

Certains **homophones grammaticaux** (qui se prononcent de la même façon, mais s'écrivent différemment) sont source d'erreurs fréquentes. Pour les éviter, il suffit de mémoriser quelques astuces.

Classe grammaticale →	Remplacement
on : pronom personnel sujet (3e pers. du sing.) **ont :** verbe *avoir*, 3e pers. du pluriel **On** dirait qu'ils **ont** envie de jouer !	Remplacer par *il*, *elle*. Remplacer par *avaient*. **Il** dirait qu'ils **avaient** envie de jouer !
ce : déterminant démonstratif (devant un nom) **ce :** pronom démonstratif (devant un verbe) **se :** pronom personnel réfléchi **Ce** serait idiot qu'il **se** blesse en pratiquant **ce** sport.	Remplacer par *le*, *un*. Remplacer par *cela*. Remplacer par *me*, *te*. **Cela** serait idiot que je **me** blesse en pratiquant **un** sport.

21 * **Entourez les homophones grammaticaux dans ces phrases.**

a. On croit rêver ! Ils ont tout mangé !

b. Ce serait impensable de se tromper.

c. Elles nous ont dit : « On va à la piscine. »

d. Se fâcher ? Ce n'est pas une solution.

22 ** **Soulignez l'orthographe qui convient. Précisez la classe grammaticale du mot.**

a. Avez-vous visité *se* / *ce* musée ? ....

b. Cette histoire est à *ce* / *se* tordre de rire ! ....

c. Le temps *se* / *ce* couvre. ....

d. *Se* / *Ce* n'est pas juste ! ....

23 ** **Complétez chaque phrase avec** *on* **ou** *ont*.

a. Les délégués .... été élus.

b. Depuis hier, ... ne l'entend plus !

c. Quel est le livre qu'ils .... préféré ?

d. .... comprend que vous soyez déçu.

e. Ces résultats, ... les déplore.

f. Ces résultats les .... surpris.

24 *** **Complétez ce texte avec les mots qui conviennent :**
se • *ce* • *on*.

.... eût dit un Ange tant elle était belle [...] [La Princesse] avait seulement les yeux fermés, mais .... l'entendait respirer doucement, ... qui faisait voir qu'elle n'était pas morte.
Le Roi ordonna qu'.......... la laissât dormir en repos, jusqu'à .... que son heure de .... réveiller fût venue.

Charles Perrault, *La Belle au bois dormant*, 1697.

Bilan Les relations entre les mots

Fiches 79 à 84
• Reconnaître des mots issus du grec ou des mots issus du latin • Comprendre et jouer avec la polysémie • Employer la comparaison et la métaphore • Distinguer homophones et homographes • Distinguer des homophones (*on/ont – ce/se*)

Je reconnais des mots issus du grec ou du latin

25 ★ Retrouvez au moins deux mots français issus de ces éléments grecs.

a. *biblio-* (le livre) → ....

b. *chron(o)-* (le temps) → ....

....

c. *micro-* (petit) → ....

26 ★★ Dans ces mots, retrouvez l'élément grec et donnez sa signification.

a. astronomie, astronaute → ....

b. rhinocéros, rhinite → ....

c. polygone, polythéiste → ....

27 ★ Trouvez au moins deux mots français issus de ces mots latins.

a. *rex, regis* (le roi) → ....

b. *nox, noctis* (la nuit) → ....

c. *pax, pacis* (la paix) → ....

28 ★★ À partir des mots latins en gras et de leur traduction, trouvez des mots français.

a. *Mea **culpa*** (Ma faute) → ....

b. *Veni, **vidi**, vici.* (Je suis venu, j'ai vu, j'ai vaincu.) → ....

29 ★★ Associez chaque mot construit sur le radical latin signifiant « savoir, connaître » **à sa définition.**

annoter • *un ignorant* • *la notoriété* • *une notice*

a. Petit mode d'emploi. → ....

b. Le fait d'être célèbre. → ....

c. Personne qui ne sait rien. → ....

d. Ajouter des explications sur un document.

→ ....

Je comprends et joue avec la polysémie

30 ★ Soulignez les mots qui vous permettent de comprendre le sens du mot « loup ».

a. Le loup vit en meute dans les forêts.

b. De quelle couleur est le loup que tu porteras au carnaval ?

c. Le loup est l'autre nom du poisson appelé bar.

31 ★★ Inventez trois phrases dans lesquelles le mot « place » aura un sens different.

a. ....

....

b. ....

....

c. ....

J'emploie la comparaison et la métaphore

32 ★★ Complétez chaque phrase par une comparaison.

a. Les arbres se balançaient tels ....

....

b. Les étoiles brillaient semblables à ....

....

c. La rivière coulait comme ....

33 ★★ Retrouvez les métaphores en associant un GN de la liste a. à son complément de la liste b.

a. un cœur • une mine • un œil • une santé • un travail • une voix

b. de cristal • de fer • de papier mâché • de lynx • de fourmi • de pierre

....

....

....

Je distingue homophones et homographes

34 ★★★ **Soulignez l'orthographe qui convient.**

a. Je *l'ai voit / les vois* un *peut / peu* mieux.

b. *Quand / Qu'en* pensez-vous ?

c. *Son / sont* accident ? *Ça / Sa* nous *a / as* tous effrayés !

d. Cette *malle / mal* est *mal / malle* fermée.

35 ★★ **Entourez les mots homographes. Surlignez les homographes homophones.**

a. Je vis au magasin de bricolage différentes vis.

b. Nous feuilletons les pages du programme télévisé pour y trouver nos feuilletons préférés.

c. Mon fils dénoue les fils que j'ai noués.

d. Elle part acheter une part de tarte.

36 ★★ **Pour chaque homographe homophone, inventez deux phrases dans lesquelles leur différence de sens apparaîtra.**

a. moule → ....

....

....

b. noyer → ....

....

....

37 ★★★ **Complétez ces phrases avec** *ce* • *se* **ou** *on* • *ont*.

a. .... part quand ils .... fini leur travail.

b. Qui .... souvient de .... reportage vu en classe ?

c. Les filles .... voulu que l'.......... aille en ville.

38 ★★ **Complétez le texte avec** *se* • *ce* • *c'*.

Le soleil ne .... décidait pas à .... lever. « ....est bien ennuyeux de devoir réveiller .... pauvre Tistou, ... dit-il. Dès qu'il aura les yeux ouverts, il .... rappellera qu'il a été chassé de l'école... »

Maurice Druon, *Tistou les pouces verts*, 1968, © Larousse, 2017.

À l'écrit

39 ★★ **Écriture • À la manière de Maurice Carême (exercice 19, p. 118), inventez un poème en jouant sur les homophones.**

40 ★★★ **Réécriture • Corrigez ces expressions en remplaçant le mot en gras par l'homophone qui convient. Soulignez le mot qui vous a aidé à le trouver.**

a. Aux grands **mots** les grands remèdes.

→ ....

b. C'est le **thon** qui fait la musique.

→ ....

c. Tel est **prix** qui croyait prendre.

→ ....

d. Loin des yeux, loin du **chœur**.

→ ....

41 ★★★ **Dictée • Écrivez la dictée lue par votre enseignant-e. Nom propre dans la dictée : Jacques Prévert.**

....

....

....

....

....

....

....

....

....

Florence Thinard, *Encore heureux qu'il ait fait beau*, © Thierry Magnier, 2012.

À l'oral

42 ★★ **Récitez cette comptine qui joue sur l'homophonie.**

Il était une fois, une marchande de foie, qui vendait du foie, dans la ville de Foix. Elle se dit : « Ma foi, c'est bien la dernière fois que je vends du foie dans la ville de Foix. »

Utiliser le vocabulaire du voyage

Le mot **« voyage »** vient du latin *viaticum* qui signifie « argent pour le voyage ».
En littérature, les voyages sont des occasions uniques de découvrir le monde, mais aussi de faire des rencontres.
De nombreux voyageurs ont rédigé des carnets de voyage qui sont devenus des œuvres littéraires.

Exemple *Le Livre des Merveilles du monde* de Marco Polo

Certains voyages imaginés par des écrivains font partie de notre culture littéraire.

Exemple *Vingt mille lieues sous les mers* de Jules Verne

Pour parler du voyage, les auteurs développent son champ lexical.
Un **champ lexical** est un ensemble de mots, d'expressions qui renvoient à un même thème, une même idée.

Vocabulaire du voyage

- voyageur, voyagiste, voyager
- excursion, expédition, croisière
- voyage d'affaires, gens du voyage, voyage spatial

1 * **Associez chaque mot à sa définition :** *un périple* • *une odyssée* • *une excursion* • *une escapade*.

a. .... : petit voyage qui rompt avec la routine.

b. .... : court voyage d'agrément.

c. .... : voyage mouvementé, riche en aventures ; épopée d'Homère.

d. .... : long voyage comportant beaucoup d'étapes.

2 ** **Reliez chaque mot à son synonyme.**

a. un circuit •	• un parcours	c. une aventure •	• des pérégrinations
b. une promenade •	• une balade	d. des allées et venues •	• une péripétie

3 ** **Pour chaque mot, donnez trois mots de la même famille.**

a. aventureux → ....

b. naviguer → ....

c. un pays → ....

4 ** **Soulignez les mots du champ lexical du voyage dans ce texte.**

Rappelle-toi dans quelles conditions on voyageait autrefois. Compare cette traversée avec celles des audacieux navigateurs qui découvrirent ces mers immenses. […] Je n'eus qu'à me souvenir de ces premiers voyages des conquérants de la mer pour avoir honte de mon impatience.

Stefan Zweig, *Magellan*, préface, trad. A. Hella,
© éd. Bernard Grasset, 1938.

86

Le vocabulaire lié au programme littéraire

Utiliser le vocabulaire du merveilleux

Le nom **« merveilleux »** est dérivé du mot « merveille », qui vient du latin *mirabilia* (« chose admirable »).
Le merveilleux présente comme normale l'intervention du surnaturel dans le monde de la réalité.
Le lecteur accepte des personnages extraordinaires comme les fées et des phénomènes magiques.
Les contes traditionnels font souvent appel au merveilleux.

Exemples « La Belle au bois dormant » de Jacob et Wilhelm Grimm (1812)
« Comment Wang-Fô fut sauvé », *Nouvelles orientales* de Marguerite Yourcenar (1963)

Vocabulaire du merveilleux

- merveille, merveilleux, émerveiller, émerveillement
- sort, sorcier, sorcière, sortilège, ensorceler, sorcellerie
- magicien, fée, dragon, ogre, licorne

5 * **Trouvez l'adjectif formé à partir de chaque nom.**

a. la magie → ....
b. une fée → ....
c. une fable → ....
d. une admiration → ....
e. un charme → ....
f. un enchantement → ....

6 ** **Complétez chaque phrase avec le mot qui convient :** *émerveillés • émerveillement • merveilleux.*

a. J'aime lire des contes .... : ils me font rêver.
b. Les jeunes enfants sont .... par les vitrines de Noël.
c. C'est un .... de l'entendre chanter !

7 ** **Ajoutez un mot dans chaque liste. Reliez-la à son titre.**

a. ensorceler, charmer, ... •
b. une amulette, un talisman, ... •
c. un château, une forêt, ... •

• lieux merveilleux
• actions
• objets magiques

8 ** **Entourez les mots appartenant au champ lexical de la lumière. Expliquez pourquoi la fontaine est merveilleuse.**

Quant à la fontaine, elle bouillonnait comme de l'eau chaude. La grosse pierre, c'était une émeraude évidée reposant sur quatre rubis plus flamboyants et plus lumineux que le soleil du matin. J'avais grande envie de savoir ce qu'il en était de l'orage et j'eus à m'en repentir. Dès que j'eus versé de l'eau sur le perron – j'avais dû en verser trop, je le crains – je vis le ciel se déchirer de toutes parts.

Chrétien de Troyes, *Yvain ou le chevalier au lion*, © École des loisirs, 1993.

....

87 Le vocabulaire lié au programme littéraire

Utiliser le vocabulaire de la chevalerie

Les **récits du Moyen Âge** sont des œuvres manuscrites (du latin *scriptum* « écrit », et *manu* « à la main »), ornées d'enluminures (du latin *illuminare* « éclairer »). Les **récits médiévaux** dont on ne connaît pas toujours l'auteur peuvent prendre la forme de **chansons de geste** ou de **romans de chevalerie**.

Exemples *La Chanson de Roland*
Lancelot ou le chevalier à la charrette de Chrétien de Troyes

Ces récits illustrent, à travers des scènes de combat, le **code de la chevalerie**, où un chevalier combat pour son seigneur, mais aussi le **code de l'amour courtois** où, par ses exploits, le chevalier montre son dévouement à sa dame.

Vocabulaire de la chevalerie

- haubert, heaume, chausses, baudrier
- bravoure, honneur, fidélité, courtoisie
- arbalète, lance, épée, hache, écu

Pour faire ces exercices, aidez-vous d'un dictionnaire si besoin.

9 ★ **Associez chaque mot à sa définition.**

a. une miniature •
b. un enlumineur •
c. une lettrine •

• grande lettre ornée placée au début d'un manuscrit
• personne qui réalise les enluminures
• peinture de petite dimension qui illustre les manuscrits

10 ★★ **Complétez chaque phrase avec le mot qui convient :** *destrier • adoubement • vassal.*

a. Aujourd'hui a lieu une grande cérémonie : c'est l'.. de Perceval.
b. Le .... se présente devant son suzerain.
c. Il reçoit ses armes et son cheval de combat : un magnifique ....

11 ★★ **Retrouvez le nom commun issu du mot en gras.**

a. Les barons **félons** cherchent à piéger Tristan. → ....
b. Mais le **preux** chevalier sait se montrer prudent. → ....
c. Son attitude **courtoise** témoigne de ses valeurs morales et physiques. → ....

12 ★★★ **Entourez les verbes de combat. Soulignez le vocabulaire de l'équipement du chevalier. Cherchez la définition des mots que vous ne connaissez pas.**

Chacun avait une lance rigide et solide ; ils échangent de si grands coups qu'ils percent l'un et l'autre les écus qui sont à leurs cous et mettent en pièces leurs hauberts ; les lances se fendent et éclatent, et volent en tronçons. Ils s'affrontent alors à l'épée, et, dans l'engagement, ils tranchent les guiges[1] de leurs écus […] ils bossellent et enfoncent leurs heaumes […].

Chrétien de Troyes, *Yvain ou le Chevalier au lion*, coll. « Petits Classiques », © Larousse, 2007.

1. guiges : sorte de poignées.

88 Le vocabulaire lié au programme littéraire

Utiliser le vocabulaire du héros, de l'héroïne

Dans l'Antiquité, le **héros** a une ascendance divine.

Exemple Persée, fils du dieu Zeus et de Danaé

La notion évolue mais les auteurs continuent d'attribuer à leurs **héros** ou **héroïnes** des qualités exceptionnelles. Celles-ci leur permettent d'accomplir des exploits. Les qualités physiques sont par exemple la beauté, la force, la puissance. Le héros ou l'héroïne ont aussi de hautes qualités morales comme le courage, la bravoure ou encore la détermination.

Vocabulaire de l'héroïsme

- beauté, force, puissance
- renommée, gloire, destinée
- courage, ruse, habileté, vaillance, hardiesse

13 * Complétez le tableau suivant à l'aide de mots de la famille de « héros ».

Noms communs	Adjectif	Adverbe
....	....	....

14 ** Pour chaque nom commun, retrouvez l'adjectif dérivé. Donnez les formes masculine et féminine.

a. la force → ....
b. la beauté → ....
c. la vaillance → ....
d. la bravoure → ....
e. le courage → ....
f. la fierté → ....
g. la valeur → ....
h. la gloire → ....

15 * Retrouvez trois synonymes du mot** « célèbre » **à partir de leur étymologie.**

a. du latin *lustrare*, « éclairer » → ....
b. du latin *fama*, « renommée » → ....
c. du latin médiéval *legenda*, « ce qui doit être lu » → ....

16 * Soulignez le GN qui précise l'ascendance divine d'Héraclès. Quelle qualité lui a permis d'accomplir les célèbres travaux ? Entourez les adjectifs qui insistent sur le caractère héroïque de ses travaux.**

C'est Héraclès, fils de Zeus, que je vais chanter, le plus grand – et de beaucoup – parmi les hommes de la terre. […] D'abord il erra sur la terre et la mer immenses, et connut bien des souffrances. Mais il triompha à force de vaillance et, tout seul, il accomplit nombre de travaux audacieux et inégalés.

Hymnes homériques (VIIe-IVe s. av. J.-C.), trad. J. Humbert, © Les Belles Lettres, 1976.

→ ....

....

Bilan

Le vocabulaire lié au programme littéraire

Fiches 85 à 88
- Utiliser le vocabulaire du voyage
- Utiliser le vocabulaire du merveilleux
- Utiliser le vocabulaire de la chevalerie
- Utiliser le vocabulaire du héros, de l'héroïne

J'utilise le vocabulaire du voyage

17 * **Associez les mots suivants au type de voyage correspondant. Un même mot peut être utilisé plusieurs fois.**

a. un vaisseau • b. une traversée
c. une randonnée • d. une expédition

Voyage terrestre	....
Voyage maritime	....
Voyage spatial	....

18 ** **À l'aide d'un dictionnaire, cherchez l'étymologie du mot** « odyssée ». **Rédigez une phrase dans laquelle vous emploierez le mot** « odyssée » **au sens figuré.**

....

....

....

19 ** **Soulignez les mots et expressions du champ lexical du voyage.**

Christophe Colomb. – Non seulement c'est un vrai Espagnol, c'est un matelot fini qui a passé toute sa vie à naviguer. Pas un amateur, pas un aventurier, non pas un de ces navigateurs de papier qui ne savent même pas lire une carte et relever l'ascension d'une étoile.

Paul Claudel, *Le Livre de Christophe Colomb*, © Gallimard, 1933.

À l'oral

20 ** **Décrivez le voyage de l'un des ces personnages afin que vos camarades devinent de qui il s'agit.**

Marco Polo • Christophe Colomb • Gulliver • Phileas Fogg

J'utilise le vocabulaire du merveilleux

21 * **Complétez avec l'adjectif qui convient :** *fabuleux • exceptionnelle • incroyables.*

a. La sorcière utilisa ses .... pouvoirs.

b. Hansel et Gretel découvrirent alors une maison ....

c. Marco Polo fut hébergé dans un .... palais.

22 ** **Précisez le sens de** « grand » **dans les GN soulignés. Donnez trois mots de la même famille que** « richesse ».

Je vais vous raconter <u>une grande merveille</u> qui concerne le palais du seigneur de cette île. Sachez qu'il y a <u>un grand palais</u> entièrement recouvert d'or fin [...]. Les fenêtres sont identiques, de sorte que ce palais est d'une telle richesse que personne ne pourrait le croire.

Marco Polo, *Le Livre des merveilles du monde*, trad. J.-F. Kosta-Théfaine, © E.J.L., 2005.

« une grande merveille » → ....

« un grand palais » → ....

« richesse » → ....

À l'écrit

23 *** **Dictée** • **Écrivez la dictée lue par votre enseignant-e.**

....

....

....

....

Charles Perrault, « Cendrillon », 1697.

J'utilise le vocabulaire de la chevalerie

24 ★ Retrouvez le thème de chaque champ lexical en lien avec les récits médiévaux.
l'armement • les catégories sociales • le cheval • l'équipement

a. un palefroi • un destrier • un roncin

→ ....

b. un haubert • un heaume • une armure

→ ....

c. une lance • un gonfanon • un écu

→ ....

d. un vilain • un vassal • un suzerain

→ ....

25 ★★ Entourez le nom des héros du Moyen Âge.

Ulysse • Lancelot • Hercule • Tristan • Yvain • Achille • Roland

26 ★★ Barrez les intrus.

a. humilité • vanité • respect • justice

b. dévoué • loyal • brave • fourbe

27 ★★★ Complétez le texte avec les mots suivants : *fourreau • haubert • armure • baron • heaume • lame • épée • preux.*

Elle vit donc là où l'.......... de Tristan était déposée : « Ce .... est de bon acier, pensa-t-elle, et ne lui faudra pas au besoin. Et ce .... est fort, léger, bien digne d'être porté par un .... » Elle prit l'.......... par la poignée : « Certes, c'est là une belle épée, et qui convient à un hardi .... » Elle tire du riche .... pour l'essuyer, la .... sanglante.

Tristan et Iseult, trad. J. Bédier, © Hachette, 2003.

À l'écrit

28 ★★ Écriture • Racontez en trois phrases une cérémonie d'adoubement. Aidez-vous du vocabulaire de l'équipement du chevalier.

J'utilise le vocabulaire du héros, de l'héroïne

29 ★★ Soulignez les noms désignant les qualités du héros.

« Certes, si sa prouesse vaut sa beauté, mon champion fournira une rude bataille ! »

Tristan et Iseult, trad. J. Bédier, © Hachette, 2003.

30 ★ Classez ces mots dans le tableau.

audace • bravoure • couardise • faiblesse • fuite • héros • intrépidité • peur • pleutrerie • témérité • vaillance

Courage	Lâcheté
....	....
....	....
....	....
....	....

31 ★★ Barrez les intrus pour retrouver les qualités du héros et de l'héroïne.

Un héros : beau • disgracieux • fort • habile • vaillant • irréfléchi • rusé • peureux

Une héroïne : laide • gracieuse • valeureuse • lâche • intelligente • injuste • audacieuse

À l'écrit

32 ★★★ Réécriture • Réécrivez les paroles d'Hector avec les mots de la liste : *dieux • courage • force • destinée.*

– Tu m'as manqué, ô Achille semblable aux ★ ! Zeus ne t'avait point enseigné ma ★, comme tu le disais ; mais ce n'étaient que des paroles vaines et rusées, afin de m'effrayer et de me faire oublier ma ★ et mon ★.

Homère, *Iliade*, chant XXII.

....

....

....

....

....

....

....

ALLER (3e groupe) Pour la conjugaison de *être, avoir, oser, agir* ▶ *cf* **p. 0**

INDICATIF					SUBJONCTIF
Présent	**Imparfait**	**Passé simple**	**Futur simple**	**Conditionnel présent**	**Présent**
je vais	j' allais	j' allai	j' irai	j' irais	que j' aille
tu vas	tu allais	tu allas	tu iras	tu irais	que tu ailles
il, elle va	il, elle allait	il, elle alla	il, elle ira	il, elle irait	qu'il, elle aille
nous allons	nous allions	nous allâmes	nous irons	nous irions	que nous allions
vous allez	vous alliez	vous allâtes	vous irez	vous iriez	que vous alliez
ils, elles vont	ils, elles allaient	ils, elles allèrent	ils, elles iront	ils, elles iraient	qu'ils, elles aillent

INFINITIF		PARTICIPE		IMPÉRATIF
Présent	**Passé**	**Présent**	**Passé**	**Présent**
aller	être allé(e, s, es)	allant	allé	va, allons, allez

DEVENIR (modèle pour les verbes *venir, tenir* et les verbes de leur famille)

INDICATIF					SUBJONCTIF
Présent	**Imparfait**	**Passé simple**	**Futur simple**	**Conditionnel présent**	**Présent**
je deviens	je devenais	je devins	je deviendrai	je deviendrais	que je devienne
tu deviens	tu devenais	tu devins	tu deviendras	tu deviendrais	que tu deviennes
il, elle devient	il, elle devenait	il, elle devint	il, elle deviendra	il, elle deviendrait	qu'il, elle devienne
nous devenons	nous devenions	nous devînmes	nous deviendrons	nous deviendrions	que nous devenions
vous devenez	vous deveniez	vous devîntes	vous deviendrez	vous deviendriez	que vous deveniez
ils, elles deviennent	ils, elles devenaient	ils, elles devinrent	ils, elles deviendront	ils, elles deviendraient	qu'ils, elles deviennent

INFINITIF		PARTICIPE		IMPÉRATIF
Présent	**Passé**	**Présent**	**Passé**	**Présent**
devenir	être devenu(e, s, es)	devenant	devenu	deviens, devenons, devenez

DEVOIR

INDICATIF					SUBJONCTIF
Présent	**Imparfait**	**Passé simple**	**Futur simple**	**Conditionnel présent**	**Présent**
je dois	je devais	je dus	je devrai	je devrais	que je doive
tu dois	tu devais	tu dus	tu devras	tu devrais	que tu doives
il, elle doit	il, elle devait	il, elle dut	il, elle devra	il, elle devrait	qu'il, elle doive
nous devons	nous devions	nous dûmes	nous devrons	nous devrions	que nous devions
vous devez	vous deviez	vous dûtes	vous devrez	vous devriez	que vous deviez
ils, elles doivent	ils, elles devaient	ils, elles durent	ils, elles devront	ils, elles devraient	qu'ils, elles doivent

INFINITIF		PARTICIPE		IMPÉRATIF
Présent	**Passé**	**Présent**	**Passé**	**Présent**
devoir	avoir dû	devant	dû	dois, devons, devez

FAIRE (modèle pour les verbes de la famille de *faire* : *contrefaire, défaire*...)

INDICATIF					SUBJONCTIF
Présent	**Imparfait**	**Passé simple**	**Futur simple**	**Conditionnel présent**	**Présent**
je fais	je faisais	je fis	je ferai	je ferais	que je fasse
tu fais	tu faisais	tu fis	tu feras	tu ferais	que tu fasses
il, elle fait	il, elle faisait	il, elle fit	il, elle fera	il, elle ferait	qu'il, elle fasse
nous faisons	nous faisions	nous fîmes	nous ferons	nous ferions	que nous fassions
vous faites	vous faisiez	vous fîtes	vous ferez	vous feriez	que vous fassiez
ils, elles font	ils, elles faisaient	ils, elles firent	ils, elles feront	ils, elles feraient	qu'ils, elles fassent

INFINITIF		PARTICIPE		IMPÉRATIF
Présent	**Passé**	**Présent**	**Passé**	**Présent**
faire	avoir fait	faisant	fait	fais, faisons, faites

Couverture : Marie-Astrid Bailly-Maître
Création maquette intérieure : Stéphanie Hamel
Mise en pages : Sylvie Lavaud
Illustrations : Juliette Baily (intérieur), Maud Riemann (couverture)
Directrice éditoriale : Agnès Botrel
Responsables éditoriales : Mathilde Lahoute, Aurélie Joubert-Mérandat
Édition : Marie Maunier, Vanessa Colnot

www.magnard.fr – ISBN : 978-2-210-11528-6

Achevé d'imprimer en juillet 2024 par Rotolito S.p.A. *N° d'éditeur : MAGSI20240209 - dépôt légal : avril 2021*